Lieutenant-Colonel HUCHER

3ᵉ Conférence d'Histoire

1870

Spicheren

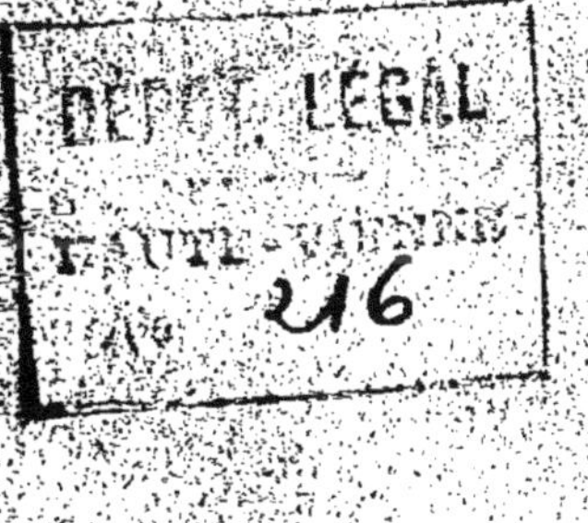

PARIS

CHARLES-LAVAUZELLE & Cⁱᵉ

Éditeurs militaires

124, Boulevard Saint-Germain, 124

MÊME MAISON A LIMOGES

1921

Spicheren.

Conférence d'Histoire

1870

Spicheren

PARIS
CHARLES-LAVAUZELLE & C
Éditeurs militaires
124, Boulevard Saint-Germain, 124

MÊME MAISON A LIMOGES

1921

BIBLIOGRAPHIE

Albert MALLET. — **Cours d'histoire contemporaine.**

Capitaine DESCOINS. — **Étude synthétique des campagnes modernes.**

Général BONNAT. — **La Manœuvre de Saint-Privat.**

Colonel MAISTRE. — **Spicheren.**

Troisième Conférence d'Histoire
1870 — Spicheren.

La Troisième conférence d'histoire militaire *a pour objet l'étude d'une bataille de la guerre de 1870.*

Cette conférence est divisée en trois parties :

1° Etude de l'évolution des institutions militaires en France et en Prusse de 1815 à 1870;

2° Etude des plans de campagne et de la concentration des armées en juillet 1870;

3° Etude de la bataille de Spicheren du 6 août.

PREMIÈRE PARTIE

LES ARMÉES FRANÇAISE ET PRUSSIENNE DE 1805 A 1870.

Armée française (1805-1870).

1805-1815.

Pendant ces dix années se déroule l'épopée impériale.

En 1815, la coalition a définitivement vaincu. L'empereur est abattu, l'ancienne monarchie est restaurée par les coalisés.

Pendant ces dix années, l'armée a évolué. Ce n'est plus l'armée si homogène de 1805, Il a fallu augmenler les effectifs, car l'Empire s'étend et ses ennemis s'acharnent; il a fallu combler les pertes subies sur tous les champs de bataille d'Europe, de l'Espagne au fond de la Russie. Les meilleurs cadres disparaissent, il faut faire rendre de plus en plus la conscription, faire appel à des contingents de plus en plus jeunes et à des contingents alliés.

Malgré tout, cette armée, qui a connu des succès magnifiques que nul revers ne peut ternir, est encore, en 1815, un précieux instrument de défense nationale.

L'empereur disparu, que se passe-t-il? Tout disparaît avec lui.

Cette armée a une âme, c'est l'esprit de la nation armée, les idées de liberté et d'égalité. Elle a des forces morales, c'est le culte de la patrie révolutionnaire incarnée en Napoléon, c'est la haine de l'Europe qui a renversé l'idole, c'est le souvenir de ses gloires. Elle a, par la conscription, fille de la Révolution, ses attaches dans le peuple, attaché lui-même à la Révolution et à l'empereur.

Tout cela est incompatible avec le régime nouveau, pour lequel la Révolution n'existe pas, et qui, restauré par les souverains de la Sainte-Alliance, doit ménager leurs susceptibilités et les rassurer sur son désir de paix.

C'est pourquoi, et sans songer que si, à ce moment, tout le monde veut la paix, il viendra peut-être un jour où l'on aura besoin d'une armée solide pour maintenir l'équilibre péniblement assuré au Congrès de Vienne, on s'emploie à désorganiser l'armée impériale, à en ruiner l'esprit et les forces morales. La conscription est abolie, les grandes unités disloquées, les grands chefs écartés, les cadres mis en demi-solde et remplacés par des royalistes n'ayant jamais servi... que dans l'armée de Condé.

Toute l'ancienne organisation tombe, et est remplacée par des légions départementales, recrutées par engagements volontaires.

L'armée napoléonienne, révolutionnaire et nationale, suspecte au roi restauré et à la Sainte-Alliance, a vécu. La rupture avec le passé est faite. La tradition, brusquement rompue, ne se renouera plus.

1815-1870.

La Restauration n'est pas longue à s'apercevoir que détruire est plus facile que créer. Bientôt, en effet, non seulement il n'y a plus d'armée impériale, mais il n'y a plus d'armée du tout. On est donc amené par la force des choses à reconstituer une nouvelle armée, qui va rapidement se refaire une tradition d'honneur et de courage, mais pour laquelle les traditions guerrières du Premier Empire demeureront quelque chose de fabuleux et de lointain.

La Restauration revient à la conscription, déguisée sous le nom d'appels.

Deux lois successives, loi Gouvion-Saint-Cyr (1818), loi Suchet (1824), organisent le recrutement de l'armée sur la base du service à long terme pour un faible contingent annuel. Dans la loi de Gouvion-Saint-Cyr, les soldats libérés devaient encore le service pendant cinq ans comme vétérans. La loi Suchet les supprime : au bout de huit ans, la libération est définitive. C'est donc l'armée de métier, sans réserves, qui va devenir peu à peu un organisme à part, indépendant du reste de la nation.

La Monarchie de juillet chercha à renforcer la constitution de l'armée, à s'assurer de son loyalisme et de son affection : les princes y servirent avec honneur. Elle chercha également à rehausser le prestige de l'officier. La loi de 1834, encore en vigueur, édicta la propriété du grade et le statut de l'officier. Enfin, elle adopta la loi Soult, de 1832, qui sera pendant quarante ans la base de notre organisation militaire : contingent fixé annuellement et divisé en deux portions. La première portion seule sert pendant sept ans; la deuxième portion, non exercée, fournit les réserves (non instruites).

Les grandes unités ne furent pas reconstituées.

Ce régime donna au pays de solides régiments, animés d'un vif esprit de corps, dont la bravoure et la solidité furent mises en relief en Algérie. Malheureusement, cette guerre, d'un caractère spécial, eut un effet néfaste pour la science militaire des officiers et du commandement supérieur, qui s'éloignèrent de l'étude de l'histoire.

Cette période amène néanmoins un relèvement très marqué, aussi bien moral que matériel.

Napoléon III arrive au pouvoir à un moment critique de la politique européenne. A la suite de l'explosion générale des idées libérales qui eut lieu en 1848, tant en France qu'en Prusse, en Autriche et en Italie, les nationalités s'agitent, cherchent à se grouper en rompant les barrières des traités de Vienne. Un remaniement de la carte d'Europe s'impose.

Napoléon III, qui a favorisé les nationalités, s'aperçoit bien vite qu'il a aidé à créer des puissances rivales et qu'il faudra bientôt s'appuyer sur une armée solide.

Or, l'armée est bien composée des premiers soldats du monde, ceux d'Algérie, de Chine, de Crimée, d'Italie et du Mexique; mais les récentes campagnes ont montré les faiblesses de l'organisation, du commandement, des services. Et puis, si jusqu'ici la valeur du soldat a compensé les autres faiblesses et nous a donné la victoire, en sera-t-il de même contre la Prusse, qui, depuis 1813, n'a cessé de pratiquer le système de la nation armée, système qui vient de donner ses preuves en 1864 et en 1866. Or, l'armée française est une armée de métier, sans réserves. L'empereur se rendit compte de cette cause de faiblesse. Il appela au ministère le maréchal Niel et le chargea de donner au pays l'organisation militaire indispensable.

Le maréchal présenta sa loi en février 1868. Elle prévoyait deux portions du contingent : la première servant cinq ans dans l'active et quatre ans dans la réserve; la deuxième portion, formant la garde mobile, solide armée de seconde ligne. L'armée devenait nationale, solidement étoffée de réserves instruites.

La loi fut votée, mais les crédits relatifs à la garde mobile furent rejetés. Le pays avait perdu conscience de sa responsabilité historique; les députés de l'opposition ne virent qu'une occasion de faire échec aux projets du gouvernement, sans se rendre compte qu'ils mettaient en jeu l'existence même du pays.

A ce moment sévissait, en France, une propagande pacifiste très active. En 1870, le corps législatif réduisait de 110 millions à 32 le crédit demandé pour nos forteresses de l'Est, et forçait le ministre Lebœuf à réduire de 10.000 hommes le contingent à appeler.

Si donc le gouvernement impérial est responsable de notre désastre de 1870, sa responsabilité est largement partagée par le pays tout entier, insoucieux de ses destinées, par l'opposition aveuglée par sa haine du régime, et par l'armée elle-même, que les souvenirs lointains de l'épopée impériale et les succès faciles des campagnes récentes endorment dans un rêve trompeur de triomphes illusoires.

L'ARMÉE DE 1870.

L'armée française, en 1870, est une armée de métier, n'ayant pas, pour l'étoffer, les réserves instruites que la loi Niel voulait lui assurer.

Les grandes unités ne sont pas constituées dès le temps de paix. On les improvisera, à la déclaration de guerre, en rameutant de toutes parts des régiments, qu'on placera sous le commandement de chefs inconnus, et auxquels on adjoindra des services ignorant leur métier de guerre.

Les généraux, réduits à des fonctions d'inspection, ignorent l'emploi de la troupe dans la guerre moderne. Ils ne s'exercent jamais au commandement. A l'école des récentes campagnes, ils ont puisé le mépris des études historiques. Ils ont oublié, ou plutôt n'ont jamais appris les procédés napoléoniens pour mouvoir. les masses, les entretenir et les ravitailler. Pour toutes manœuvres, une division provisoire évolue chaque année au camp de Châlons. Evolution à rangs serrés, sans hypothèse tactique. Le commandement, dressé à l'exécution littérale des ordres, a pris des habitudes de passivité, ne sait plus agir s'il n'a pas d'ordres, et ne sait pas en provoquer.

Les régiments sont splendides, mais les armes, isolées dans leurs garnisons, restent étrangères les unes aux autres.

Les services sont soustraits à l'action du commandement. Ils dépendent directement du ministre et ignorent les besoins des troupes en campagne.

La mobilisation et la concentration ne sont ni prévues ni préparées. Si la patrie est en danger, les troupes seront concentrées à la frontière sans mobilisation préalable; puis on leur enverra leurs réservistes, les vivres, les munitions, l'équipement, les voitures. Aucune conception stratégique, aucun plan de manœuvre d'ensemble.

L'armement de l'infanterie est excellent. En 1866, a été adopté le fusil Chassepot, calibre 11^{mm}, portée 1.600 mètres, vitesse de tir de cinq à six coups à la minute, très supérieur au fusil Dreyse de l'armée prussienne. L'artillerie possède encore des canons de bronze, se chargeant par la bouche, canons de 4 et de 12, ayant une vitesse de deux coups par minute. Le tir est percutant ou fusant, mais la fusée n'a que deux évents (1.500 mètres et 2.500 mètres), ne permettant le tir fusant qu'aux environs de ces deux distances.

Le chargement par la culasse s'imposait depuis que la Prusse l'avait inauguré à Sadowa, mais, devant l'attitude du Parlement, on n'osa pas demander les crédits nécessaires : on pensait que la supériorité du chassepot compenserait l'infériorité du canon.

La cavalerie, oubliant ses traditions, ne sait plus ni explorer ni couvrir. On l'intercale dans les colonnes, pour ne lui demander que de charger dans la bataille.

En juillet 1870, l'armée présente un effectif total de 400.000 hommes (dont 50.000 pour la gendarmerie, les remontes et les services du territoire). La réserve s'élève, sur les contrôles, à 175.000 hommes. En tout, 525.000 hommes.

A la fin de juillet, l'armée de campagne comptera 200.000 hommes, portés à 270.000 par l'arrivée successive des réservistes.

Armée prussienne (1806 à 1870).

Vous savez que, battue à Iéna, la Prusse a payé, au traité de Tilsitt, les frais de la guerre.

Le but de sa politique sera d'abord de refaire une Prusse puissante en abattant l'empereur Napoléon. Elle voudra ensuite unifier, après 1815, les Etats de la Confédération germanique et en faire une Allemagne au profit des Hohenzollern, rois de Prusse. Il faudra, pour cela, agrandir la Prusse, éliminer l'Autriche de la Confédération, puis achever l'unité allemande en fusionnant la Confédération du Nord et les Etats du Sud, en étouffant chez ces derniers l'antipathie contre la Prusse, sous un sentiment plus fort, la haine de la France.

Pour suivre cette politique et atteindre ces buts, il faut une armée forte. Ce sera dans les stipulations mêmes du traité de Tilsitt, adoptées pour l'affaiblir, que la Prusse trouvera les bases de sa puissance militaire. Réduite à n'entretenir en temps de paix qu'un effectif très restreint de 40.000 hommes, elle imagine le service à court terme, grâce auquel, en retournant dans leurs foyers après trois ans dans l'armée active, instruits, mais non dégagés d'obligations militaires, les hommes libérés constituent une réserve inépuisable.

LA NATION ARMÉE.

La Prusse devient ainsi la nation armée par excellence. Pouvant mettre sur pied, au moment du besoin, une armée nombreuse, elle coopère avec succès à la lutte contre Napoléon. Après 1815, elle se mettra à l'œuvre pour constituer l'Allemagne à son profit.

L'instrument est forgé. Des guerres, provoquées au moment voulu, donneront à l'armée le baptême de l'expérience et permettront à la Prusse d'atteindre successivement les buts proposés.

La guerre des Duchés contre le Danemark (1864),

celle contre l'Autriche et les Etats du Sud (1866) sont les deux premières étapes. Les succès y sont dus, moins aux hautes combinaisons stratégiques, moins à l'armement, qu'à la supériorité de l'organisation et du commandement, dressé moralement et tactiquement par le prince et roi Guillaume, et doté d'une doctrine de guerre simple et solide.

LA DOCTRINE PRUSSIENNE. — CLAUSEWITZ.

Instruits par leurs défaites elles-mêmes, les généraux prussiens ont cherché, dans l'étude des campagnes de Napoléon, le secret de ses victoires. L'un d'eux, Clausewitz, qui a fait toutes les campagnes depuis 1793, a été nommé directeur de l'Ecole de guerre en Prusse en 1818. Il a laissé de nombreux ouvrages et a instruit de nombreuses générations d'officiers.

A l'époque où il écrit, on ne possède pas encore la correspondance de Napoléon, ni les nombreux ouvrages parus depuis. On n'a, sur ces campagnes, que des données d'ensemble; mais elles suffisent à Clausewitz, qui n'en prend que l'essentiel, c'est-à-dire le côté moral, l'énergie et la vigueur.

Pour lui, la forme des opérations est indifférente. Il faut marcher droit à l'ennemi pour avoir au plus tôt la bataille décisive. Pour vaincre, il faut agir toutes forces réunies, plutôt que de se diviser à l'avance en vue de mouvements tournants à grande envergure, à la manière de Napoléon. L'essentiel est de vaincre, puis de poursuivre dès qu'on a la victoire.

Les décisions, à la guerre, sont prises au milieu des dangers et de l'incertitude. Il faut donc éviter le formalisme, ne voir que du simple et chercher le succès plus dans la force et l'initiative que dans des combinaisons.

Le côté artistique de la doctrine napoléonienne lui échappe; mais il en retient la résolution, la force brutale du coup droit et la poursuite. Résolution, force brutale, désir sincère de se battre, initiative, culte de l'offensive, tels sont les caractères essentiels de la doctrine des généraux prussiens, dressés par Guillaume et par de Moltke.

Cette doctrine va descendre l'échelle hiérarchique, et deviendra celle des états-majors et des troupes à tous les échelons. L'armée a un cerveau, un centre d'activité intellectuelle où se forment les idées, où l'on commente les enseignements de l'histoire, où l'on prévoit les évolutions nécessitées par les progrès de l'armement, où l'on utilise les expériences des campagnes récentes. Ces idées, ces enseignements descendent dans la troupe, tiennent les esprits en éveil, les empêchent de se maintenir dans la routine.

L'instruction a uniquement pour but la préparation à la guerre. Elle se donne en terrain varié et a pour stimulant les grandes manœuvres.

En 1866, comme en 1870, les disciples de Clausewitz marcheront droit à l'ennemi, en vue de la bataille directe, en ne recherchant que la facilité de déploiement, c'est-à-dire en réduisant la longueur des colonnes, et en augmentant leur nombre. On recherchera le débordement tactique, et non l'enveloppement stratégique.

Les erreurs commises (il s'en commet toujours à la guerre) seront réparées par l'initiative et le désir d'action de tous. Il y a unité de doctrine : on se bat pour vaincre, et vaincre c'est attaquer.

MOBILISATION. — CONCENTRATION.

L'armée prussienne, nation armée, est une armée nombreuse, qui se forme par la réunion des classes sous les drapeaux et de classes de réservistes. Il faut d'abord la mobiliser. C'est là une conception nouvelle. On est donc amené à prévoir et à régler dans ses détails cette mobilisation.

Mobilisée, il faudra amener cette armée nombreuse sur la zone des opérations, la concentrer. On fera usage des chemins de fer. L'état-major est donc amené également à établir et à tenir à jour un plan de mobilisation et un plan de concentration.

Les Prussiens, mobilisant dans les garnisons, et transportant les troupes une fois mobilisées, il en résultait une grande simplicité dans les transports.

Comme armement, l'infanterie a le dreyse, calibre 15, portée 600 mètres, vitesse de tir, cinq à six coups à la minute. Ce fusil a fait merveille en 1866, mais il est inférieur au chassepot.

L'artillerie a le canon Krupp, très supérieur au canon français, calibres 4 et 6, se chargeant par la culasse, vitesse deux coups par minute, tir avec fusée percutante donnant un réglage facile, portée supérieure de 600 mètres environ à celle du canon français.

L'armée comptera en 1870 :
En première ligne, 420.000 hommes;
En seconde ligne, 780.000 hommes;
Au total, 1 million 200.000 hommes.

ÉVOLUTION DU COMBAT.

Telles sont les caractéristiques générales des deux armées française et prussienne à la veille de la guerre de 1870.

Il me reste à vous dire un mot sur l'évolution du combat pendant la période qui nous occupe, et les modifications apportées par les progrès dans l'armement et l'adoption des armes rayées.

Sous le premier Empire, le feu d'infanterie est meurtrier jusqu'à 200 mètres; au delà, presque nul. Le feu peut donc précéder immédiatement le choc. Le combat, entamé par des tirailleurs, consiste à amener à 200 mètres de l'ennemi une ligne dense sur trois rangs, qui fait un feu violent; puis à reformer en colonnes cette même ligne qui donne l'assaut à la baïonnette.

En arrière, en dehors de la zone meurtrière, c'est-à-dire à 300 ou 400 mètres de l'ennemi, une seconde ligne de bataillons, formés en colonne, prêtes à renforcer les parties de la ligne qui ont souffert, ou à appuyer celles qui doivent donner l'assaut.

Le combat est un mélange de feu et de mouvement.

Au cours des guerres de l'Empire, les autres armées adoptent également cette tactique, dite de l'ordre mixte. Mais nous y gardons notre supériorité, résultant de notre plus grande aptitude à utiliser le terrain. Notre infanterie, exercée depuis longtemps sur les champs de bataille, s'est débarrassée des manœuvres compliquées du Règlement de 1791, et réalise la manœuvre.

Cette faculté manœuvrière s'atténue cependant peu à peu, à mesure que les cadres instruits disparaissent. L'infanterie n'a plus la souplesse nécessaire; peu à peu, on ne lui demande plus que le choc en masses profondes, en demandant de plus en plus à l'artillerie l'action par le feu. Cela commence à Friedland en 1807. Puis, à Wagram, à Borodino, en 1813, le rôle principal passe aux artilleurs, à Drouot et à Sénarmont.

La cavalerie, pendant toutes ces guerres, a joué un grand rôle. Elle a perdu le premier rôle dans la bataille, où elle rend la victoire décisive, mais ne la gagne pas. Mais, avant la bataille, elle sait remplir son rôle d'exploration et de couverture.

Après 1815, nous avons eu successivement les règlements de 1831, de 1862, de 1869, qui se modifient les uns les autres, mais procèdent tous du règlement de 1791. Ils indiquent des formations et le moyen de passer de l'une à l'autre, sans mentionner les buts tactiques. Ce sont des codes de manœuvres indépendants de la manœuvre, qui est l'exécution directe et rapide d'une idée tactique.

La Grande Armée avait pu apprendre la pratique et se débarrasser des formes du Règlement.

La nouvelle armée, créée par la Restauration, a perdu l'esprit de la tactique impériale, son sens pratique, mais elle conserve la forme : ligne de bataille longue et mince, donc alignée, réalisant l'action par le feu, suivie de soutiens en ordre serré; formations et évolutions rigides. Telles sont les bases des Règlements, telle est l'instruction du temps de paix. Mais, pendant ce temps, on se bat en Algérie, au Mexique; on n'y applique pas le Règlement, on se tire tout de même d'affaire. Alors l'idée s'accrédite que la guerre ne s'apprend pas dans les livres, et qu'au moment voulu on se débrouillera.

On se débrouille encore, plus péniblement, à Magenta et à Solférino.

Les succès des Prussiens à Sadowa, l'apparition des armes se chargeant par la culasse, l'adoption du chassepot mirent brusquement à l'ordre du jour la question du combat moderne.

Les Prussiens ont constaté, pendant la campagne de Sadowa, l'impossibilité de maintenir, en arrière des tirailleurs, les soutiens en ordre serré sous le feu des nouvelles armes.

Tout se fond prématurément dans la première ligne, et le combat est mené par une longue chaîne d'unités mélangées.

Si nous nous émotionnons des effets du dreyse, de Moltke se préoccupe, de son côté, de l'adoption par nous du fusil Chassepot.

Des instructions nouvelles paraissent (en France, Observations de 1867; en Prusse, Instruction aux commandants de compagnie de 1869) qui reconnaissent l'influence prépondérante du feu, constatent le danger d'attaquer en terrain découvert des positions défendues par les armes modernes, l'importance nouvelle acquise par ces positions, l'avantage de l'adversaire posté sur l'adversaire en mouvement, et par conséquent de la défensive, au point de vue effets des feux. Elles concluent néanmoins l'une et l'autre que l'offensive ne doit pas être abandonnée.

Les textes ne sont pas tout; il y a la manière de les lire. En Prusse, où, à tous les échelons, on est imprégné de la doctrine offensive, on en conclut que, si l'attaque devient plus dangereuse, il y a simplement lieu de prendre ses précautions, de rechercher davantage les mouvements débordants, mais que cela n'infirme en rien la doctrine offensive. *Vaincre, c'est toujours avancer;* c'est chasser l'ennemi du point où il est, c'est attaquer.

Chez nous, au contraire, les observations s'adressaient à un milieu déshabitué de l'étude et de la réflexion, non entraîné à la manœuvre sur le terrain, non imbu du mouvement en avant; à une infanterie dressée sur la place d'exercices au formalisme d'évolutions compliquées, et préoccupée de maintenir la cohésion et l'alignement. On fut surtout frappé par

certaines phrases malheureuses présentant l'attitude
défensive comme favorable, et les positions comme
avantageuses. Le bourrage en avant, qui a réussi dans
les guerres récentes, n'est plus de mise avec de telles
armes. Les expériences de champ de tir montrent que
les effets du chassepot sont encore supérieurs à ceux
déjà impressionnants du dreyse. Des positions défendues avec une telle arme seront inviolables. On cherchera donc *des positions* sur lesquelles l'ennemi voudra bien venir se suicider.

Vaincre, ce sera conserver sa position.

Ecoutez von der Goltz : « Le peuple français est de
tout temps passé maître dans les choses de forme. Il
suivit scrupuleusement les événements de la guerre
de 1866 et chercha le secret de la victoire des Prussiens uniquement dans la supériorité de l'armement.
Ce fut pour l'armée française un article de foi d'utiliser jusqu'à la limite extrême la puissance de l'armement et de rester sur une défensive absolue. On pensait que la force offensive de l'armée allemande vien-
drait échouer contre une action défensive des armes
nouvelles et terribles. Les Français ruinèrent ainsi
l'esprit de leur armée.., et rien ne peut remplacer la
force morale perdue. C'est là principalement ce qui a
fait pencher la balance. Ce qui se fait dans une armée
doit toujours avoir pour but d'accroître et de fortifier
cette force morale. »

Lorsque la vraie notion de la guerre, basée sur la
force morale, est perdue, on revient nécessairement
à la vieille escrime des siècles passés. Des stratèges
se livrent à l'étude du terrain, font des plans imagi-
naires, et cherchent des positions.

Dans cette malheureuse guerre, il y a des positions
(Cadenbronn, Frœschwiller), il y a des plans : on

passera le Rhin! Mais où, quand, comment? Peu importe! La notion de la bataille disparue, on cherchera le succès dans une habile disposition de troupes, des alignements ou des formations. On préparera une bataille comme une revue, sans qu'il soit question de l'ennemi, ni des coups à lui porter.

Je tiens à vous donner un exemple des ordres français. C'est celui donné par le G. Q. G. pour ordonner certains déplacements de divisions, le 4 août :

« Il faut toujours supposer à ses ennemis le projet le plus raisonnable. Or, d'après ce qu'on lit dans les journaux anglais, le général Steinmetz occuperait une position centrale entre Sarrebrück et Deux-Ponts et serait appuyé, par derrière, par un corps du prince Frédéric-Charles, et sa gauche se relierait à l'armée du prince royal qui se trouve dans la Bavière rhénane. Leur but serait de marcher droit sur Nancy.

» En conséquence, je désire que les troupes prennent les positions suivantes :

» Le général de Ladmirault aura son Q. G. à Boulay, une division à Boucheporn, et la troisième à Teteschen.

» Le maréchal Bazaine aura son Q. G. à Saint-Avold, une division à Marienthal, une troisième à Puttelange, la quatrième suivant ses convenances, soit en avant, soit en arrière de ses positions.

» Le général Frossard restera dans la position où il est.

» Le général de Failly ira rejoindre à Bitche la division qui y est déjà. Ces deux divisions seront sous les ordres du maréchal de Mac-Mahon. Celle qui est à Sarreguemines se mettra en relation avec celle qui est à Puttelange, et sera sous le commandement du maréchal Bazaine.

» La division de cavalerie qui est à Pont-à-Mousson se portera sur Faulquemont.

» Le maréchal Canrobert sera à Nancy avec trois divisions.

» NAPOLÉON. »

On croit rêver, en lisant pareille littérature! Y a-t-il quelque chose qui ressemble à un ordre en vue de la guerre, de la bataille?

On parle bien de l'ennemi et de ses projets, d'après des journaux anglais, mais on ne dit rien des coups à lui porter. Et ces divisions, dont on fixe les emplacements? Ont-elles une mission, un but? Pourquoi sont-elles là et non ailleurs? Y a-t-il une idée d'ensemble? Cela n'a-t-il pas l'air de préparer une revue plutôt qu'une bataille?

DEUXIEME PARTIE.

PLANS — MOBILISATION — CONCENTRATION DES ARMÉES.

Vous savez que la guerre franco-allemande eut pour cause la volonté de Bismarck d'achever l'unité allemande par la fusion des Etats de la Confédération du Nord avec les Etats du Sud qui viennent d'être battus en 1866, en les réunissant dans leur haine commune contre la France.

L'occasion du conflit fut la candidature d'un prince de Hohenzollern, cousin du roi de Prusse, au trône d'Espagne.

Le prétexte fut l'incident, créé par Bismarck, de la dépêche d'Ems. Le 18 juillet 1870, la France déclare la guerre à la Prusse.

LE PLAN FRANÇAIS.

Avions-nous un plan? Certes oui. Lors de son passage au ministère, le maréchal Niel avait élaboré un plan de campagne, basé, sinon sur l'alliance, tout au moins sur la neutralité des Etats du Sud. Nos forces seraient groupées en deux armées réunies la première en Lorraine, la seconde en Alsace, avec une réserve à Châlons.

La première armée devait marcher sur Mayence pour attirer les forces ennemies; la deuxième armée devait prendre l'offensive, passer le Rhin, remonter la vallée du Mein pour séparer la Prusse des Etats du Sud et déterminer l'Autriche et l'Italie à entrer dans notre alliance. Ensuite, on marcherait à la rencontre des armées prussiennes. Pendant ce temps un corps débarquerait sur les côtes de la Baltique.

Il fallait donc aller vite, pour prendre l'initiative des opérations pendant que l'armée prussienne effectuerait sa mobilisation. On se dépêcha donc d'envoyer sur la frontière nos troupes, partagées en huit corps d'armée, plus des réserves générales d'artillerie et de cavalerie. Mais, ces troupes, on les envoya sans être pourvues du nécessaire pour entrer en campagne. Pas de réservistes, pas de vivres, de munitions, d'équipement, de voitures. Tout cela dut rejoindre peu à peu, et, malgré le zèle des compagnies de chemin de fer, faute d'organisation et de direction unique, il se produisit un désordre extrême et un embouteillage complet des voies ferrées.

LA CONCENTRATION.

Le 23 juillet, les corps étaient aux points indiqués

ci-après; leurs compléments indispensables n'arrivèrent que dans les premiers jours d'août :

1er corps (maréchal de Mac-Mahon) : 4 divisions d'infanterie, 1 division de cavalerie, à Strasbourg.

2e corps (général Frossard) : 3 divisions d'infanterie, 1 division de cavalerie, à Saint-Avold.

3e corps (maréchal Bazaine) : 4 divisions d'infanterie, 1 division de cavalerie, à Metz.

4e corps (général de Ladmirault) : 3 divisions d'infanterie, 1 division de cavalerie, à Thionville.

5e corps (général de Failly) : 3 divisions d'infanterie, 1 division de cavalerie, à Bitche.

6e corps (maréchal Canrobert) : 4 divisions d'infanterie, 1 division de cavalerie, à Châlons.

7e corps (général Félix Douay) : 3 divisions d'infanterie, 1 division de cavalerie, à Belfort.

Garde (général Bourbaki) : 2 divisions d'infanterie, 1 division de cavalerie, à Nancy.

Réserve de cavalerie : 1 division à Pont-à-Mousson, 2 divisions à Lunéville.

Réserve d'artillerie : 16 batteries, à Lunéville.

Grand parc : Toul.

On avait ainsi :

En Lorraine, trois corps (3e, 4e, garde) couverts par le 2e;

En Alsace, deux corps (1er et 7e), le 3e assurant la liaison dans les Vosges, le 6e en réserve.

La concentration en deux masses, l'une de quatre ou cinq corps autour de Metz, l'autre de quatre ou trois corps autour de Strasbourg, pouvait se faire en trois ou quatre jours. La concentration générale en une seule masse demanderait quatre jours de plus, soit huit.

FAILLITE DU PLAN FRANÇAIS.

Mais au moment de passer à l'exécution du plan offensif du maréchal Niel, on s'aperçoit que le plan est irréalisable. La marine ne peut transporter le corps de débarquement de la Baltique; les États du Sud, dont on escomptait sinon l'alliance, tout au moins la neutralité, marchent avec la Prusse, et puis, surtout, nos troupes ne sont pas prêtes. Il faut renoncer à l'offensive sur la rive droite du Rhin.

On renonce, par la même occasion, au fractionnement par armées, et tous nos corps sont groupés en une seule armée, l'armée du Rhin, sous le commandement de l'empereur.

On apprend à ce moment qu'il y a, dans la région de Mayence, des concentrations importantes. Cela fait naître des craintes pour notre frontière du côté de la Sarre, et le commandement ordonne de concentrer les corps par division sur une ligne allant de Bitche à Thionville.

En arrivant à Metz le 28 juillet, l'empereur, qui ne veut pas renoncer à l'offensive, décide que les 2ᵉ, 3ᵉ et 5ᵉ corps, aux ordres du maréchal Bazaine, prendront l'offensive dans le bassin de Sarrebrück. Mais les commandants de corps d'armée ayant fait connaître que les troupes n'étaient pas prêtes, on fut également forcé d'abandonner ce deuxième projet. On se borna à faire serrer les 2ᵉ, 3ᵉ et 4ᵉ corps devant Sarrebrück et Sarrelouis.

Cette fois, c'est bien le déploiement en cordon, le dispositif linéaire dans toute son horreur, sur un front de 240 kilomètres.

L'offensive est abandonnée, et l'initiative passe à l'adversaire. On est réduit à la défensive stratégique.

Sommes-nous au moins prêts pour cette défensive? Pas davantage. Nos places fortes ne sont pas approvisionnées, nous n'avons pas d'armée de seconde ligne. La garde mobile, appelée à la hâte, doit être armée, équipée, instruite, avant de pouvoir rendre des services. Enfin et surtout, nous ne connaissons pas les conditions de la défensive stratégique, basée sur le renseignement; on a oublié le principe de l'économie des forces, l'idée de la manœuvre contenue en germe dans le dispositif d'une masse de manœuvre couverte par des avant-gardes. A défaut des renseignements que notre cavalerie, laissée aux bagages, ne pourra lui fournir, notre armée sera aveugle et devra s'en tenir aux nouvelles douteuses venant d'agents civils, signalant l'ennemi partout.

Le commandement, rendu inerte par l'habitude d'exécuter à la lettre des ordres précis n'indiquant pas de missions, d'ailleurs engoué de la défensive tactique et de l'importance illusoire des positions, n'aura pas l'activité cérébrale pour s'adapter à la nouvelle situation.

Le 31 juillet, devant l'impossibilité d'envahir le bassin de Sarrebrück, hors d'état de passer à l'offensive, mais bien décidé à ne pas y renoncer, le G. Q. G. français se décide à une forte reconnaissance sur Sarrebrück, dans l'espoir bien chimérique de forcer l'ennemi à montrer ses forces.

Le 2ᵉ corps tout entier marche sur Sarrebrück, refoule sur la rive droite deux compagnies prussiennes en couverture, et s'établit sur les hauteurs de la rive gauche, sans occuper la ville, sans tenir les ponts, sans envoyer une reconnaissance. Le 2ᵉ corps restera là jusqu'au 5 août, sans avoir rien vu.

Du 2 au 4, de nombreuses dépêches d'agents signalent des mouvements ennemis sur Thionville, Sarrelouis, Sarrebrück. On reporte alors vers la gauche, vers Bouzonville, la majeure partie du 4e corps. D'autre part, on apprend l'échec de Wissembourg, et l'ordre est donné au 5e corps de serrer vers la droite, à Bitche.

Tiré ainsi à droite et à gauche, on arrive, le 4, à cette situation paradoxale d'avoir le corps avancé concentré, et les autres corps largement espacés. Le 3e corps à lui seul a ses divisions étalées sur un front de 30 kilomètres, de Sarreguemines à Saint-Avold.

En résumé, nous voyons du côté français :

Un plan imaginaire, abandonné dès qu'on veut passer à l'exécution;

Le passage à la défensive passive avant tout contact avec l'ennemi;

L'armée étalée en cordon, sans autre but que de couvrir des directions supposées toutes dangereuses, faute de renseignements précis;

Pas d'économies de forces, pas d'idée de manœuvre ni de combinaisons d'efforts.

On est à la merci de l'ennemi, prêt à subir sa volonté.

LE PLAN ALLEMAND. SA PRÉPARATION.

Les Prussiens aussi ont un plan, mais ils l'ont étudié et mûri depuis longtemps.

De Moltke a pris ses fonctions de chef du grand état-major en 1857. Un mois après son entrée en fonctions, il adresse au prince régent un mémoire relatif à la guerre contre la France. De 1857 à 1870, il rédigera vingt mémoires ou projets relatifs à cette guerre. C'est le mémoire n° 18 (résumé ci-dessous), rédigé dans l'hiver 1868-1869, qui servira de base aux opérations de 1870.

Après avoir examiné la situation générale et les adversaires à combattre, de Moltke conclut qu'il faut garder contre l'Autriche la défensive, et agir offensivement contre la France.

Disposant de treize corps d'armée (on ne peut pas encore compter ferme sur les contingents des Etats du Sud) il en réserve trois à la mission défensive contre l'Autriche et dix à l'action offensive contre la France (économie des forces).

Contre la France, après avoir étudié les effectifs en présence et les plans possibles des Français, il arrive à cette conclusion que la seule zone de réunion des forces allemandes doit être le Palatinat. C'est une position centrale permettant d'agir, si les Français veulent passer le Rhin vers Strasbourg, ou bien violer la neutralité belge. Il conclut également qu'il est possible d'opérer la concentration sur la rive gauche du Rhin. Seulement, dans le cas où les Français prendraient prématurément l'offensive, au lieu de débarquer les corps d'armée près de la frontière, on ferait les débarquements sur le Rhin (c'est d'ailleurs, nous le verrons, ce qui eut lieu pour la II⁰ armée).

Comment seront groupées les forces allemandes? Le but est de faire coopérer toutes les forces à une première grande bataille qui décidera du sort de la campagne : les masses devront être fractionnées en armées.

De Moltke propose la répartition suivante en trois armées :

A droite, une première armée, de deux corps, se concentrant vers Vittich, devant ensuite se porter, pour le 19⁰ jour, sur la ligne Merzig - Ottweiller;

Au centre, une deuxième armée, celle-là de quatre corps, devant se concentrer sur la ligne Neunkirchen - Deux-Ponts pour le 19⁰ jour;

A gauche, une troisième armée, de deux corps plus les contingents bavarois, badois et wurtembergeois, concentrée le 18e jour entre Landau et Rastadt;

Enfin, en réserve, deux corps d'armée en avant de Mayence.

Comme couverture de cette concentration, il ne prévoit que quelques bataillons et quelques escadrons sur la Sarre, faute qui aurait pu être grave en présence d'un adversaire audacieux et manœuvrier.

Le 19e jour, les trois armées seront prêtes à envahir le territoire français.

Comme projet d'opérations, on emploiera un dispositif échelonné la droite en avant.

La IIe armée, celle du centre, sera chargée de l'engagement de front pour fixer l'ennemi.

La IIIe armée, franchissant la frontière quelques jours d'avance, refoulera sur Strasbourg les forces ennemies d'Alsace, puis, traversant les Vosges, prolongera la IIe armée, pour rejeter l'ennemi au nord de sa communication avec Paris.

Enfin, la Ire armée formera échelon défensif à gauche.

Si les Français, prêts les premiers, attaquaient avant le 18e jour, la IIe armée, en avant de la Hardt, serait aventurée. Elle devrait alors reculer; mais elle serait recueillie par la réserve et pourrait livrer, avec 200.000 hommes, une bataille défensive vers Marnheim, position reconnue près de Kircheimbolanden.

La note n° 20, du 6 mai 1870, complétait ce document et définissait l'ensemble de l'opération.

L'opération consistera à nous avancer le plus concentrés possible sur le sol français, jusqu'à la rencontre avec les forces de l'adversaire, et alors livrer bataille.

La direction générale sera Paris.

Notre premier déploiement stratégique, si nous n'avons pas eu auparavant une bataille, aura lieu sur la Moselle, de Lunéville à Pont-à-Mousson. Dans ce mouvement, la 2ᵉ armée sera en première ligne, la 4ᵉ derrière, les deux flancs couverts par la 1ʳᵉ et la 3ᵉ.

Notre initiative dictera la loi à l'adversaire.

LA CONCENTRATION.

C'est dans la nuit du 15 au 16 juillet que fut lancé l'ordre de mobilisation. Les tableaux de transport furent expédiés le 17, et les transports commencèrent le 24 juillet.

On utilisa (voir croquis n° 1) six lignes de transport pour les corps de l'Allemagne du Nord, aboutissant à Aix-la-Chapelle et Call, Neunkirchen, Hombourg, Mosbach et Castel (près de Mayence) et Landau. Trois autres lignes, aboutissant à Heidelberg, Meckesheim et Bruchsal, étaient réservées aux corps de l'Allemagne du Sud.

Pendant que s'exécutent la mobilisation et les transports, les renseignements arrivent, les idées se précisent : du 16 juillet au 2 août, Moltke rédige 73 notes, mémoires, rapports ou ordres relatifs aux opérations prochaines.

A l'annonce que les Français se concentrent près de la frontière, ce qui peut faire craindre une offensive prochaine, l'ordre est donné de varianter les débarquements de la IIᵉ armée sur le Rhin (23 juillet). Le 25 juillet, la participation des Etats du Sud est certaine. L'ordre de bataille est définitivement établi. Les Iᵉʳ et IIᵉ corps bavarois, les divisions badoise et wurtembergeoise sont affectées à la IIIᵉ armée. Le 29 juillet, on connaît les emplacements des corps français établis en cordon le long de la frontière. Puisque les

Français ne sont pas derrière la Moselle, mais derrière la Sarre, la bataille aura donc lieu sur la Sarre, et non sur la Moselle.

Il importe donc de savoir quand la IIIe armée, qui doit commencer le mouvement, sera prête à marcher. Le prince royal répond que son armée sera prête le 3 août.

En conséquence, de Moltke établit, le 31, le tableau de marche des corps pour la période du 2 au 8 août. Le 8 août, les trois armées devront être déployées sur la Sarre, de Fénétrange à Rehlingen, sur un front de 80 kilomètres.

Cette instruction est complétée par des directives données le 4 et le 5 août aux trois armées, et dont voici l'essentiel :

La IIIe armée ne pouvant être sur la Sarre avant le 9 août, on ne franchira pas cette rivière avant cette date. Le but visé est l'action combinée des trois armées dans la bataille décisive, la Ire armée devant chercher l'enveloppement du flanc gauche de l'ennemi, en liaison avec la IIe armée.

Cette combinaison, qui prévoyait, le 9 août, une bataille sur la Sarre, toutes forces réunies, avortera :

1° Par suite de la résistance inattendue de Mac-Mahon le 6 août à Frœschwiller;

2° A cause du combat de Spicheren, engagé le 6 par la Ire armée, en dépit des intentions du G. Q. G. prussien.

Quoi qu'il en soit, nous voyons chez les Prussiens :
La volonté de se battre;
Une idée de manœuvre;
Un but : la bataille;
Un plan, une combinaison d'efforts.

Composition et concentration des armées allemandes.

Ire armée (général de Steinmetz).
- VIIe corps, débarqué à Aix-la-Chapelle et Call, puis dirigé par voie de terre sur Trèves.
- VIIIe corps, venu de Coblentz par voie de terre.
- 1re et 3e divisions de cavalerie.

IIe armée (prince Frédéric-Charles).
- IIIe corps........ } débarqués à Bingen.
- Xe corps .... }
- IVe corps.. ...... } débarqués à Manheim.
- Garde .... }
- 5e et 6e divisions de cavalerie.

L'armée est mise en marche en carré : en 1re ligne IIIe et IVe corps, en 2e ligne Xe corps et garde, précédée des 3e et 6e divisions de cavalerie.

Réserve.
- IXe corps, concentré dans la région de Worms.
- XIIe corps, débarqué à Mayence.

Suivent la IIe armée.

IIIe armée (prince royal de Prusse).
- Ve corps, débarqué à Landau.
- XIe corps, concentré à Germeisheim.
- Ier et IIe Bavarois.
- Division badoise. } débarqués dans la région Heidelberg-Meckesheim Bruesal.
- Division wurtembergeoise...... }

La IIIe armée s'est heurtée, le 2 août, à la division Abel Douay du 1er corps, a passé la Lauter et se trouve, le 5, face au 1er corps (Mac-Mahon), établi sur la position de Wœrth.

Restés en Allemagne.
- Ier corps, rejoindra la Ire armée, le 7, à Birkenfeld.
- IIe corps, rejoindra la IIe armée, le 12 août.
- VIe corps, rejoindra la IIIe armée, vers le 15 août.

Sont libérés du fait que l'Autriche reste neutre.

TROISIEME PARTIE.

LA BATAILLE DE SPICHEREN.

La bataille de Spicheren est du 6 août. Pour bien comprendre comment a pu avoir lieu, le 6, une bataille contrairement aux instructions du commandement prussien, il est nécessaire de préciser ce qui s'est passé dans les deux camps dans les journées précédentes, et de faire un peu de psychologie.

Je viens de vous dire que, du côté français, la montagne a accouché d'une souris. Toute l'activité soi-disant offensive de l'armée française aboutit à une reconnaissance sur Sarrebrück, reconnaissance qui ne reconnaît rien du tout. Le 2ᵉ corps reste immobile du 2 au 5 août, sa droite à Saint-Arnnal, sa gauche à l'Exerzier-Platz, bien en vue de l'ennemi.

Je vous ai dit également que, par suite de bruits qui signalent l'ennemi un peu partout, on déplace les divisions pour les mettre en cordon, sans instructions et sans autre but que de barrer les routes venant de chez l'ennemi, routes paraissant toutes également dangereuses, faute de renseignements précis. Au cours de ces mouvements, deux divisions qui étayaient à droite et à gauche le 2ᵉ corps dans sa marche sur Sarrebrück sont déplacées et portées l'une à Sarreguemines, l'autre à Teterchen.

Le 5, l'empereur se décide à former deux armées (1ᵉʳ, 5ᵉ et 7ᵉ corps, sous Mac-Mahon; 2ᵉ, 3ᵉ et 4ᵉ, sous Bazaine). La garde, le 6ᵉ corps et la division de Forton restent sous les ordres directs de l'empereur.

Le maréchal Bazaine, nommé commandant d'armée, n'est pas remplacé à la tête de son corps d'armée, dont il conserve le commandement. Il n'a pas d'état-major d'armée, et doit fonctionner au titre armée avec son état-major du 3° corps.

2° CORPS. — SITUATION LE 5 AU SOIR (croquis n° 2).

La situation, le 5 au soir, est la suivante :

Le 2° corps (Frossard) est toujours figé sur les hauteurs de Sarrebrück et va se replier dans la nuit sur les hauteurs de Forbach.

Le 3° corps a ses quatre divisions échelonnées de Saint-Avold à Sarreguemines. Ces divisions sont à 15-18 kilomètres de Forbach, mais elles n'ont reçu aucune instruction en vue d'un soutien éventuel à donner au 2° corps.

Le 4° corps est à Bouzonville et Téterchen. La garde est à Courcelles, la division de cavalerie de Forton est à Faulquemont.

Précisons maintenant la situation du 2° corps.

Etabli, comme nous l'avons vu, depuis le 2, sur les hauteurs de Sarrebrück, le général Frossard s'est inquiété du départ des deux divisions des 4° et 3° corps qui appuyaient ses flancs. Pour les remplacer, il a constitué le 4 août deux échelons refusés, avec ses deux brigades d'aile : à gauche, la brigade Valazé de la division Vergé; à droite, la brigade Doens, de la division Laveaucoupet.

Se sentant néanmoins trop en flèche, il a obtenu du maréchal Lebœuf, major général, l'autorisation de revenir avec tout son corps d'armée, le 6, sur les hauteurs de Forbach. Mais, justement inquiet, il s'est décidé à faire le mouvement dès le 5 au soir, et se trouvera, le 6 au matin, campé sur les hauteurs de Spicheren et aux environs de Stiring et de Forbach.

La 3° division (Laveaucoupet) est à droite, sur deux lignes :

En avant, la brigade Micheler, au saillant sud-ouest du Gifertwald;

En arrière, la brigade Doens, au Pfaffenberg, avec l'artillerie de la division, sauf six pièces établies au Rotherberg.

La 1re division (Vergé) a la brigade Jolivet au nord et au sud de Stiring, la brigade Valazé au Kaninchenberg. L'artillerie est au sud-ouest de Stiring.

La 2e division (Bataille, brigades Haca et Fauvart-Bastoul) est en réserve à l'ouest d'OElting.

La réserve d'artillerie est à Forbach et à Morsbach.

La division de cavalerie Valabrègue est à Forbach.

On est au bivouac; selon l'usage, quelques compagnies de grand'garde sont établies à faible distance. Le 10e bataillon de chasseurs (de la brigade Doens) est porté au Rotherberg et y creuse une tranchée en fer à cheval. La cavalerie est naturellement en arrière.

Comme instructions, le général Frossard a seulement reçu l'avis du maréchal Lebœuf de se tenir prêt à une attaque sérieuse. C'est maigre, comme directives! Mais il ne songe pas à en demander. Devra-t-il, en cas d'attaque, reculer sur Saint-Avold, comme il en a été question quelques jours auparavant? Devra-t-il accepter la bataille? A-t-il des forces à portée de le soutenir? Il sait évidemment que les quatre divisions du 3e corps ne sont pas loin, mais il ne demande rien à son chef en vue de leur appui éventuel. Il est dans l'ignorance et ne fait rien pour en sortir.

Ajoutons que le maréchal Bazaine ne fait rien, de son côté, pour éclairer son subordonné. Il y avait deux solutions à prendre : ou combattre en retraite, ou accepter la bataille, et alors soutenir le 2e corps. Il ne fait rien.

Frossard, s'engageant à fond, pouvait penser qu'il serait soutenu par les divisions du 3e corps, situées à proximité. Bazaine avait, semble-t-il, l'idée bien arrêtée de ne pas le soutenir.

On ne sait si Bazaine a réellement tenu le propos qu'on lui prête : « Le maître d'école (Frossard avait été précepteur du prince impérial) est dans la..., qu'il se débrouille. » Mais ce qui est réel, c'est qu'il l'a laissé « se débrouiller », sans ordres, sans directives, et que les mesures qu'il prendra au cours de la journée, et sur la demande de Frossard, seront partielles, tardives et insuffisantes.

Si nous examinons le dispositif pris par Frossard, nous voyons qu'il y a trois routes venant de l'ennemi, Sarrebrück - Spicheren, Sarrebrück - Stiring, Wehrden - Forbach, et que, sur chacune d'elles, il met une brigade. C'est bien une conception de la guerre de Sept ans. Il se résigne à accepter la bataille que l'ennemi lui imposera.

Mais, direz-vous, il a une réserve (trois brigades)? La réserve, c'est l'instrument du commandant en chef, avec lequel il pourra agir offensivement. Oui, il y a une réserve, mais le premier soin de Frossard sera de s'en priver. Le général Bataille lui ayant rendu compte qu'il appuierait là où il entendrait le canon, il approuve, se privant ainsi de ses moyens d'action.

Cette bataille n'a pas été préparée : elle ne sera pas davantage conduite. Frossard restera loin de ses troupes, à Forbach, et le seul ordre qu'il donnera sera l'ordre de retraite.

Et pourtant Frossard est un brave soldat : il veut vaincre. Mais pour lui, comme pour ses subordonnés, vaincre c'est se maintenir sur sa position. Si encore cette position avait été bien choisie et occupée rationnellement!

LA Ire ARMÉE AVANT LE 5 AOUT (STEINMETZ).

Passons maintenant du côté allemand.

Le 5 au soir, quatre corps sont à une journée de marche de Sarrebrück :

Les VIIe et VIIIe corps de la Ire armée, dans la région Tholey - Lebach - Ottweiler;

Les IIIe et IVe corps de la IIe armée, qui sont respectivement à Neunkirchen - Saint-Wendel et à Hombourg - Deux-Ponts.

Les autres corps sont échelonnés en arrière ou en voie de débarquement.

Les 5e et 6e divisions de cavalerie (de la IIe armée) sont en avant et bordent la Sarre.

L'intention du G. Q. G. est de marquer un temps d'arrêt, de manière à faire serrer les autres corps et à aborder la Sarre le 9 août, toutes forces réunies, pour une bataille décisive à laquelle la IIIe armée viendra prendre sa part.

Comment, dans ces conditions, une bataille a-t-elle pu se livrer le 6? La Ire armée a à sa tête le vieux général Steinmetz. C'est un homme bouillant, à qui son ardeur a procuré, en 1866, les plus grands succès, et qui a été surnommé le Lion de Nachod. Il bout de se battre, et son armée, du haut en bas, est animée du même désir d'action. Grincheux avec ses chefs, autoritaire avec ses subordonnés, il est jaloux du rôle prépondérant qu'il suppose donné à la IIe armée. Ce n'est pas un homme commode que le général Steinmetz! Mais il veut saisir la première occasion d'agir, et pour lui, agir, c'est attaquer.

Le 2 août, en apprenant le combat de Sarrebrück, il a supposé que l'ennemi était en marche pour venir gêner la concentration de la IIe armée. Il conçoit le projet de passer la Sarre vers Sarrelouis et d'attaquer en flanc les Français en direction de Saint-Avold. Il donne ses ordres et rend compte.

Cela démolissait tous les projets de de Moltke, qui, par télégraphe, lui enjoignit de faire reculer ses deux corps dans la région de Tholey.

Steinmetz obéit à contre-cœur et établit ses troupes, également furieuses de ce recul, non pas autour de Tholey, mais en avant, une partie de ses cantonnements empiétant dans la zone de la IIᵉ armée, vers Ottweiler.

Le 4 au matin, Steinmetz rend compte de l'exécution du mouvement. De Moltke lui répond : « D'accord, restez sur place jusqu'à nouvel ordre. » Mais Steinmetz ne comprend toujours pas ce recul! Le 4 au soir, il télégraphie à de Moltke qu'il ne comprend pas pourquoi on l'a fait reculer et qu'il demande des instructions. Réponse : « Les instructions sont en route. »

Cela ne satisfait pas Steinmetz, qui s'adresse alors au roi, télégraphie qu'il est derrière la IIᵉ armée et qu'il n'a pas de directives.

Sur ces entrefaites, il apprend que, le 6, la IIᵉ armée devra atteindre le front Duttwiller - Saint-Ingbert. Pour le coup, Steinmetz est exaspéré : comment, c'est la IIᵉ armée qui va porter les premiers coups? C'est inadmissible.

Et alors, profitant d'un ordre qu'il a reçu d'évacuer, entre Saint-Mendel et Neunkirchen, la zone de marche de la IIᵉ armée, et bien qu'il ait à ce moment les directives détaillées au sujet de la manœuvre, il va profiter du resserrement ordonné pour faire avancer ses deux corps d'armée et les tenir à la même hauteur que le rival.

ORDRES DONNÉS POUR LE 6.

Les ordres qu'il donne le 5 au soir pour le 6 doivent amener le 7e corps, têtes à Guichenbach et Puttlingen, avant-gardes vers Volklingen et Sarrebrück; le 8e corps, têtes à Fischbach et Holz (croquis n° 2).

Dans ces ordres, Steinmetz ne dit rien de la possibilité d'une rencontre de l'ennemi. Mais ses subordonnés, aussi exaspérés que lui, saisiront la première occasion de s'engager à fond.

Les ordres donnés dans les corps d'armée dénotent également le profond désir de se battre, et dépassent les ordres mêmes de Steinmetz.

Au VIIe corps, on marchera sur deux colonnes.

A droite, la 13e division viendra à Puttlingen, avec avant-garde à Volklingen et détachement sur la rive gauche à Wehrden (Steinmetz avait dit, avant-garde *vers* Volklingen).

A gauche, la 14e division viendra à Guichenbach, avant-postes à la lisière du Kollerthalerwald, face à Sarrebrück.

Au VIIIe corps, la 15e division doit porter sa tête à Holtz; la 16e division, tête à Fischbach.

A la IIe armée, le IIIe corps doit avoir, le 6 au matin:

La 6e division, venant de Saint-Wendel, à Neunkirchen;

La 5e division, partant de Neunkirchen et marchant en deux colonnes de brigade sur Duttwiller et Saint-Ingbert.

LE TERRAIN (croquis n° 3).

Comment se présente le terrain de la bataille?

La rive sud de la Sarre est bordée par un relèvement de terrain, abrupt du côté de la rivière et présentant une suite de plateaux arrondis, le Winterberg, le Reppertsberg, l'Exerzierplatz. C'est la position qu'a occupée le 2ᵉ corps le 2 août.

Au Sud s'étend une plaine découverte de deux kilomètres de large, jusqu'au pied d'une falaise boisée s'étendant de Saint-Arnnal à Stiring, et couronnée de bois, le Stiftswald, le Pfaffenwald, le Gifertwald, la forêt de Spicheren.

Au centre, une partie déboisée de 1.000 mètres de largeur, les hauteurs de Spicheren et le Forbachenberg, aux pentes découvertes vers le nord. Entre le Gifertwald et le Pfaffenwald, un col déboisé sur 200 mètres. Un contrefort, partant du Gifertwald, forme deux vallons accentués se terminant à l'étang profond.

Un autre contrefort, le Rotherberg, forme une étroite arête.

En arrière, le terrain découvert montant jusqu'à 337 est en pleine vue.

La plaine, très découverte, offre cependant des cheminements, l'Ehrenthal et l'étang profond, d'abord, puis le ravin montant vers le col du Gifertwald, et le ravin sinueux suivi par le chemin de fer, tous deux défilés des vues du Rotherberg.

Cette partie du terrain offre à l'attaque de bonnes positions d'artillerie, les hauteurs de Sarrebrück, le Galgenberg, la Folsterhöhe.

L'artillerie de la défense ne peut s'installer qu'à 337 et au Forbácherberg, et le pied des falaises est en angle mort.

Au sud du Gifertwald, la crête au nord du village de Spicheren permet de maîtriser les débouchés sud des bois, par la liaison de l'infanterie et de l'artillerie. Ce serait là la vraie position à tenir.

Vers Stiring, le terrain forme, entre la forêt de Spicheren et les forêts de Sarrebrück et de Stiring, un étroit couloir, resserré par le petit bois de Stiring et par les agglomérations de Stiring et de l'usine.

La croupe aplatie masque Stiring aux vues du Galgenberg, et réciproquement. C'est donc la seule position possible d'artillerie. Elle ne peut être utilisée que si nous occupons le petit bois.

Toute cette partie du terrain peut être tournée par les bois. D'autre part, la forêt de Spicheren divise le terrain en deux parties distinctes.

Malgré leur formidable apparence, qui a impressionné les Prussiens, ces falaises ne forment pas une bonne position. De plus, elle fut mal occupée : le Stifswald et la forêt de Stiring ne furent pas surveillés, les cheminements ne furent pas interdits, le petit bois de Stiring, qui seul permettait l'occupation de 239 et le flanquement du Rotherberg, ne fut pas occupé.

L'artillerie du plateau ne peut rien vers Stiring. Il y aura deux actions indépendantes.

Enfin, cette position aurait pu servir de base pour une riposte offensive; mais on était loin d'y songer, et l'instrument pour l'exécuter, la réserve, fut dépensé dès les premiers coups de canon.

La bataille jusqu'à 4 heures.

Le 6 au matin, les reconnaissances des 5° et 6° divisions de cavalerie constatent le recul des Français, passent la Sarre et rendent compte. Un des officiers en reconnaissance envoie le renseignement précis, mais faux : « Les Français s'embarquent à Stiring, ils sont couverts par un bataillon, un escadron, une batterie. »

Pendant ce temps, les mouvements prescrits par les ordres du 5 s'exécutent dans les Ire et II° armées.

La 13° division marche sur Puttlingen, pour établir

son avant-garde à Wolklingen et un détachement à Wehrden.

MARCHE DE LA 14ᵉ DIVISION.

La 14ᵉ division marche sur la route de Sarrebrück, pour établir son gros à Guichenbach, avant-garde au Kollerthalerwald. Le général de Kameke, commandant la division, marche à son avant-garde.

Arrivant à Guichenbach, il reçoit le premier renseignement (recul des Français). Il prend alors la décision tout à fait judicieuse de se saisir des ponts et de s'établir sur les hauteurs de la rive gauche. Il continue sa marche et rend compte.

Un peu plus loin, il reçoit le renseignement n° 2 (les Français s'embarquent). Sans le contrôler, il décide alors d'aller troubler les embarquements. Aussi, il va jeter d'emblée toutes ses forces dans la direction de Stiring. Mais il ne rend pas compte et n'avise pas ses voisins.

A 11 h. 30, le bataillon tête d'avant-garde débouche sur l'Exerzier-Platz et est salué par l'artillerie du Rotherberg. La bataille commence.

ENGAGEMENT DE LA 14ᵉ DIVISION (croquis n° 3 A).

Toute la 27ᵉ brigade serre sur son avant-garde. Kameke donne ses ordres. Bien qu'il soit maintenant, renseigné par la cavalerie qu'il a rejoint, et par ce qu'il voit lui-même, il s'obstine dans son projet.

Le général de François, commandant la 27ᵉ brigade, marchera sur le Rotherberg avec sa brigade, pour attaquer l'arrière-garde ennemie; deux bataillons seront maintenus en réserve au Reppertsberg. Attaque soutenue par les quatre batteries de la division.

La 28ᵉ brigade (général de Woyna) passera au pont

du chemin de fer, marchera sur Stiring par les bois pour troubler les embarquements.

ENGAGEMENT DE LA 27ᵉ BRIGADE.

Comment attaque-t-on une arrière-garde? On la déborde par les flancs. Le général de François dirige sur le Rotherberg deux attaques de deux bataillons chacune; celle de gauche par le cheminement de l'Etang-Profond, celle de droite par celui du Folsterhöhe.

DEUX ATTAQUES DE FLANC.

L'attaque de gauche (deux bataillons du 39ᵉ) atteint le Gifertwald, puis le col, où elle est arrêtée par les feux de la brigade Micheler.

L'attaque de droite (un bataillon du 74ᵉ, un du 39ᵉ) pénètre dans le petit bois de Stiring et est ramenée dans la partie nord du bois et sur Drahtzug par une contre-attaque du 3ᵉ bataillon de chasseurs français.

UNE ATTAQUE DIRECTE.

Voyant ses attaques progresser et l'artillerie du Rotherberg réduite au silence, Kameke fait avancer son artillerie sur le Galgenberg, et lance une troisième attaque directement sur le Rotherberg, avec ses deux bataillons de réserve.

Le bataillon de tête, au moment où il dépasse le Galgenberg, est accueilli par un feu terrible; il précipite son allure, fuit en avant et vient se plaquer dans l'angle mort à l'ouest de l'Eperon.

Le bataillon qui le suit, accueilli par le même feu, s'échappe latéralement; une compagnie se dirige sur le Gifertwald et se mêle aux fractions de l'attaque de gauche; le reste pénètre dans le petit bois de Stiring, entraîne l'attaque de droite, occupe la lisière sud du petit bois, et, vers 3 heures, la croupe des vieilles houillères.

ENGAGEMENT DE LA 28ᵉ BRIGADE.

Pendant ce temps la 28ᵉ brigade a passé vers midi le pont de la Sarre et s'est engagée dans les bois; mais les bataillons perdent la liaison, et le général de Woyna n'arrive à 3 heures au chemin de Schœneck qu'avec un seul bataillon du 53ᵉ. Il prolonge l'attaque de droite de la 27ᵉ brigade qui vient de prendre les vieilles houillères, mais il met une heure pour arriver à la lisière au nord de Stiring (croquis n° 3 B).

Le 2ᵉ bataillon du 53ᵉ suit péniblement et n'arrivera qu'à 5 heures.

Quant au 2ᵉ régiment de la brigade, il perd complètement la liaison. Deux bataillons se dispersent vers les vieilles houillères et le petit bois. Un bataillon traverse le petit bois, débouche sur la lisière ouest, et attaque la Douane et la baraque Mouton dont il s'empare à 4 heures.

Au centre, le général de François est blotti avec ses compagnies au pied du Rotherberg. Vers 3 heures, il attaque la tranchée du 10ᵉ bataillon de chasseurs et s'en empare à la deuxième tentative, où il est tué. Les Prussiens peuvent se maintenir, grâce à l'artillerie qui arrête toutes les contre-attaques des Français.

Mais à gauche, les deux bataillons du 39ᵉ sont chassés du Gifertwald par une contre-attaque de la brigade Micheler. Certains éléments refluent jusqu'au Winterberg; mais les Français ne poursuivent pas.

SITUATION A 4 HEURES.

Ainsi, vers 4 heures, si la droite prussienne, d'ailleurs en complet désordre, a pu s'emparer du petit bois et de la douane, la gauche a perdu le Gifertwald, et cinq compagnies sont accrochées au flanc du Rotherberg, dans une situation critique.

Depuis deux heures, la 14ᵉ division est engagée tout entière. Kameke n'a plus de réserves, donc plus de moyens d'intervenir. Il s'est supprimé. Le général de Kameke a donc pû passer par de graves inquiétudes. Que va-t-il arriver s'il est attaqué? Or, vers 3 heures, il voit descendre des pentes de Spicheren de nombreuses colonnes ennemies vers le Gifertwald.

S'engager à fond sur un simple renseignement n'est évidemment pas à recommander. Néanmoins, nous devons rendre hommage au moral élevé que dénotent de pareilles attaques chez celui qui les ordonne et chez ceux qui les exécutent. Ce sont ces manifestations successives de moral supérieur, s'ajoutant les unes aux autres, qui finiront, en fin de journée, par persuader à l'adversaire qu'il est battu.

La bataille jusqu'à 4 heures, du côté français.

DIVISION LAVEAUCOUPET.

Aux premiers coups de canon la division Laveaucoupet prend les armes. Le 10ᵉ bataillon de chasseurs occupe la tranchée du Rotherberg, la brigade Micheler déploie quatre bataillons tenant le Gifertwald, un bataillon du 40ᵉ en réserve à la droite, un bataillon du 24ᵉ à gauche, tenant la tête du ravin venant de la Douane et occupant, d'une part, la Douane et la

Brême-d'Or, et, d'autre part, la corne nord de la forêt de Spicheren.

La brigade Doens vient en réserve à Spicheren.

Les pièces du Rotherberg, bientôt réduites au silence, sont ramenées à 337 où elles seront renforcées de deux autres batteries, et tiennent sous leur feu le Gifertwald.

L'attaque de gauche de la brigade de François a pénétré dans le Gifertwald, elle en est chassée, vers 3 heures, par la contre-attaque du bataillon du 40°, renforcé de deux bataillons de la brigade Doens. Mais nous ne débouchons pas nous-mêmes du bois. Pour nous, la bataille consiste à conserver la position. Au cours de cette bataille, toutes nos contre-attaques n'auront que ce but, conserver la position, ou la dégager quand elle est menacée. (Ce sera la même chose à Wœrth, à Borny, à Rezonville, à Saint-Privat.)

Vers 3 heures, le 10° bataillon est rejeté de sa tranchée.

Enfin, vers 4 heures, nous perdons la Douane et la baraque Mouton, attaquées par un bataillon égaré de la brigade Woyna.

DIVISION VERGÉ.

La division Vergé a pris également ses dispositions de combat. La brigade Jolivet occupe la position Vieux-Stiring - crassiers de l'usine - cote 239, où s'établit une batterie. La ligne est tenue par le 3° bataillon de chasseurs, le 77° et le 76°. Un bataillon du 76°, soutien d'artillerie, occupe, avec des éléments du 24° (division Laveaucoupet), la baraque Mouton, la Brême-d'Or et la Douane.

L'attaque de droite de la brigade François, une première fois refoulée par le 3° bataillon de chasseurs et un bataillon du 76°, est recueillie par les éléments de la deuxième attaque de la 27° brigade et occupe à nouveau les lisières du bois. Notre artillerie de 239, prise sous le feu, doit se replier, laissant cinq pièces sur le terrain, et s'établit, par pièces, dans le village et aux abords immédiats.

Se voyant ainsi pressé, le général Vergé appelle à lui sa deuxième brigade (Valazé) qui est au Kaninchenberg. Les deux régiments (32° et 55°) rejoignent par la voie du chemin de fer; la compagnie du génie reste seule au Kaninchenberg.

DIVISION BATAILLE.

Le général Bataille, approuvé par Frossard, a décidé d'appuyer au canon. Entendant la fusillade au Gifertwald, il y envoie la brigade Fauvart-Bastoul, que suit un bataillon du 23° (de l'autre brigade) et une batterie. Puis, vers 2 heures, l'action s'engageant aussi dans la vallée, il s'y porte lui-même avec le reste de sa division. La bataille est à peine engagée, que la réserve n'existe plus.

DIVISION VALABRÈGUE.

La division de cavalerie Valabrègue reste au sud de Stiring. On ne songe pas à l'envoyer voir ce qui se passe dans les bois, bien qu'on soit inquiet de ce côté. La brigade Valazé a bien envoyé, à 10 heures, une reconnaissance de un bataillon et un escadron sur Petite-Rosselle; ce détachement a fait tranquillement sa marche, n'a rien vu, et est rentré au Kaninchenberg.

GÉNÉRAL FROSSARD.

Que fait, pendant ce temps, le général Frossard?

Il reste à Forbach, loin de ses troupes. Il ne donne aucun ordre à ses divisionnaires, mais il rend compte des événements à son chef.

Jusqu'à 1 heure, il ne se doute pas de la gravité de l'attaque. A 1 h. 25, cependant, il télégraphie : « Je suis fortement attaqué... C'est une bataille... Prière de faire marcher Montaudon sur Grossbliederstroff, et une brigade de dragons sur Forbach. »

Cela fait, jusqu'à 5 heures, il aura l'esprit en repos; à 5 h. 15 il télégraphie : « J'espère rester maître du terrain » (c'est-à-dire garder ma position). Imaginons un chef ayant l'idée offensive, ayant gardé une réserve et la faisant agir dans un effort d'ensemble vers 3 heures, n'importe où, la victoire était certaine.

MARÉCHAL BAZAINE.

Et Bazaine, que fait-il?

Jusqu'à 1 heure, les dépêches de Frossard ne sont pas inquiétantes. L'engagement paraît cependant sérieux; aussi l'idée se fait-elle jour chez Bazaine de se concentrer sur la position de Cadenbronn : « Si le mouvement est vraiment aussi sérieux, nous ferions bien de nous concentrer sur la position de Cadenbronn. » Nous ferions bien... sont-ce là des paroles de chef? C'était pourtant le moment de parler clair : ou bien prescrire à Frossard de reculer pour couvrir cette concentration, ou bien lui dire de tenir, mais alors l'appuyer.

Quand Frossard télégraphie, à 1 h. 25, que c'est une bataille, il ne peut plus être question de refuser le combat : toutes les forces devaient être amenées à la bataille.

Or, si Bazaine envoie bien, comme le demande Frossard, Montaudon à Grossbliederstroff et la brigade de

Juniac à Forbach, il envoie encore la division Metman sur Béning, la division Castagny sur Théding,
mais sans leur donner aucune indication sur un appui
éventuel au 2° corps. Regardez la carte : Béning - Théding - Grossbliederstroff jalonnent la position de Cadenbronn. C'est la hantise de la position, alors qu'il
s'agit de courir à la bataille.

La bataille après 4 heures.

Jusqu'ici, la 14° division a lutté seule et s'est mise
en fâcheuse posture. La moindre offensive française
lui serait fatale. Mais, tandis que, du côté français,
six divisions d'infanterie et deux de cavalerie, établies
à des distances de 10 à 18 kilomètres du champ de bataille, n'appuient le 2° corps ni d'un fusil ni d'un canon, sur toutes les routes aboutissant à Sarrebrück
se hâtent des colonnes prussiennes. Si Kameke n'a
rien fait pour avertir ses voisins, ceux-ci sont venus
dès le matin aux renseignements et ont appelé leurs
troupes.

ARRIVÉE DES RENFORTS DES 5ᶜ ET 16° DIVISIONS.
RÔLE DU GÉNÉRAL DE GŒBEN.

Le général de Gœben, commandant le VIII° corps,
est venu à 9 h. 30 au Reppertsberg; il tombe sur la
14ᵉ division arrivant pour occuper les hauteurs de Sarrebrück, et juge inutile d'imposer une fatigue nouvelle à son corps d'armée. Mais, à 11 h. 30, entendant
le canon, il monte à cheval et va chercher ses troupes.
Dans sa hâte il se trompe de chemin, revient, toujours au galop, et trouve à Saint-Jean l'avant-garde
de sa 16° division qu'amenait le général de Barnekow,
qui avait pris sur lui de marcher au canon. Il donne
ses ordres pour faire venir le reste du corps d'armée;
mais ces ordres ne sont pas compris ou n'arrivent pas,

et, seule du VIIIe corps, l'avant-garde de la 16e division (trois bataillons, deux escadrons, deux batteries) prendra part à la bataille.

D'autre part, le général Dœring, commandant la colonne de droite de la 5e division, qui marche sur Duttwiller, est venu dans la matinée au Reppertsberg et a appelé à lui sa brigade (8e et 48e régiments).

Le général de Stupnagel, commandant la 5e division, arrive à 2 heures, amenant un escadron et une batterie.

Enfin le général Alvensleben, commandant le IIIe corps, est arrivé à midi à Neunkirchen. Apprenant la situation, et recevant l'ordre de la IIe armée de pousser une avant-garde sur Sarrebrück, il fait embarquer dans trois trains les trois bataillons du 12e régiment (10e brigade), monte dans un des trains, et dirige le tout sur Saint-Jean, après avoir donné ses ordres pour faire venir tout son corps d'armée.

Tous ces éléments de la 16e division, de la 9e et de la 10e brigade vont arriver successivement de 3 heures à 6 h. 30, bataillon par bataillon (1).

---

(1) Echelonnement de l'arrivée des renforts :

3 heures : 1 escadron, 1 batterie amenés par le général Stupnagel;

3 h. 15 : 9e hussards, 2 batteries de la 16e division (général de Barnckow);

3 h. 30 : 3 batteries du 48e (avant-garde de la brigade Dœring);

4 heures : 3 bataillons du 40e (avant-garde de la 16e division);

4 heures : 1 bataillon du 12e (10e brigade) arrivé par le chemin de fer);

Total, à 4 heures : 7 bataillons, dont 4 au Reppertsberg et 3 au Winterberg.

4 h. 30 : 1 bataillon du 12e (10e brigade) arrivé par chemin de fer;

5 h. 15 : 3e bataillon de chasseurs (9e brigade : Dœring);

5 h. 20 : 1er et 2e bataillons du 8e (9e brigade : Dœring);

5 h. 30 : 3e bataillon du 12e, arrivé par chemin de fer;

6 h. 30 : 3 bataillons du 32e (10e brigade : Schwerin);

Total : 8 bataillons, dont 7 au Reppertsberg et 1 au Winterberg.

D'autres éléments arriveront vers 7 heures, trop tard pour entrer en action.

Spicheren.

A 3 heures, le général de Gœben revient de ses galopades désordonnées et prend la direction du combat.

C'est le moment où les Prussiens sont chassés du Gifertwald et refluent sur le Winterberg; quelques compagnies sont accrochées au Rotherberg. Il faut à tout prix rétablir la situation. Dès que les bataillons arrivent, ils sont lancés sur le Gifertwald : 48ᵉ, 40ᵉ, 1ᵉʳ bataillon du 12ᵉ, lancés à l'attaque, gagnent un peu de terrain au Rotherberg, mais s'entassent dans le Gifertwald et le ravin à l'est de Rotherberg, où se produit un désordre extraordinaire : quarante compagnies appartenant aux 39ᵉ, 74ᵉ, 40ᵉ, 48ᵉ et 12ᵉ régiments sont entassées dans cet espace étroit.

Le 2ᵉ bataillon du 12ᵉ est encore lancé, dès son arrivée, par le général de Stupnagel, que Gœben a chargé de ces attaques, et vient encore augmenter l'entassement.

Il se produit alors dans cette région un combat absolument confus; mais, à 6 heures, les Prussiens sont maîtres du Gifertwald, sans pouvoir en déboucher, cloués à la lisière par les feux du chassepot.

Les deux batteries de la brigade Dœring ont, dès leur arrivée, renforcé les six batteries déjà en action.

Pendant toute cette lutte contre les renforts incessants de l'ennemi, la division Laveaucoupet s'est dépensée en retours offensifs héroïques pour reprendre le Rotherberg et le Gifertwald. Ils échouent, car ils sont, pour l'artillerie ennemie, une cible parfaite. On s'obstine néanmoins, car on considère comme un point d'honneur de reprendre le Rotherberg, soi-disant la clé de la position.

Enfin, une ligne de feu s'établit en avant de Spicheren, et l'ennemi est arrêté.

L'idée de Gœben était juste, de lancer ses bataillons pour en imposer à l'ennemi et parer à une catastrophe imminente. Mais ces bataillons ont été engagés sans plan ni méthode.

ACTION DU GÉNÉRAL ALVENSLEBEN. — EFFORT D'ENSEMBLE.
SA PRÉPARATION.

C'est à ce moment qu'arrive Alvensleben, qui va s'efforcer de substituer un effort d'ensemble à ces actions décousues; Gœben, quoique plus ancien, lui laisse prendre la direction du combat.

Quelle est la situation? A gauche le combat a repris très vif, mais on voit, sur la hauteur, de fortes réserves françaises; à droite, on tient Vieux-Stiring et la Brême-d'Or, mais la capacité offensive de la 14e division est épuisée. Par contre, les attaques françaises se succèdent contre le petit bois, et on voit aussi de ce côté de puissantes réserves.

Alvensleben se décide à appuyer la 14e division avec toutes ses forces disponibles, c'est-à-dire avec les huit bataillons dont les arrivées s'échelonnent de 4 h. 30 à 6 h. 30.

Comment attaquer? On ne peut chercher la décision par les bois, ce serait trop long. L'heure s'avance, il faut aller vite, donc agir en terrain libre, pour finir la journée par une manifestation offensive, seule capable d'en imposer à l'ennemi, et d'éviter la catastrophe. D'où la décision d'Alvensleben d'attaquer le Forbacherberg par une attaque directe, en terrain libre.

Pour cela, il faut d'abord s'assurer solidement du point d'appui du Rotherberg à gauche, et de la Brême-d'Or à droite; puis, amener ses bataillons d'attaque, face à l'objectif, dans le ravin qui s'ouvre à l'est de la Brême-d'Or.

D'abord s'assurer du Rotherberg. Le 2e bataillon

du 12ᵉ, sur lequel Alvensleben comptait pour coopérer à cette action, étant déjà employé par Stupnagel, seul le 1ᵉʳ bataillon du 8ᵉ marche sur le Rotherberg, conduit par Gœben lui-même. Il arrive à la Brême-d'Or, s'engage dans le ravin montant sur le Rotherberg, mais, accueilli par un feu très vif, il se réfugie dans le Gifertwald avec de grosses pertes.

Ensuite, préparer l'appui d'artillerie à donner à l'attaque : les huit batteries du Galgenberg sont poussées sur la Folsterhöhe, où elles seront bientôt renforcées, entre 6 et 7 heures, par de nouvelles batteries. Puis Alvensleben veut, pour couvrir le flanc gauche, amener de l'artillerie sur le Rotherberg. Les deux batteries de la brigade Dœring y sont montées à grand'-peine, et le mouvement est masqué par une attaque de cavalerie, exécutée par le 17ᵉ régiment de hussards.

L'attaque elle-même comprendra les six bataillons dont on dispose encore, et sera commandée par le général de Schwerin, commandant la 10ᵉ brigade. En première ligne, trois bataillons, 3ᵉ du 12ᵉ, 2ᵉ du 8ᵉ et 3ᵉ bataillon de chasseurs, aux ordres du lieutenant-colonel de l'Estocq, commandant le 8ᵉ. En deuxième ligne, les trois bataillons du 52ᵉ.

A PARTIR DE 4 HEURES DANS LA RÉGION DE STIRING.

Pendant qu'Alvensleben monte et prépare son attaque, des événements se produisent à la droite allemande qui vont avoir une influence sur l'exécution de cette attaque.

L'attaque de droite de la brigade de François (2ᵉ du 74ᵉ, sous le major Werner) a atteint, vers 3 heures, les vieilles houillères; elle a continué à progresser et a atteint le pont voûté du chemin de Schœneck sur le chemin de fer. D'autre part, le général de Woyna, avec son bataillon du 53e, a débouché des bois et, vers 4 heures, a rejeté les Français dans les bâtiments de l'usine.

C'est alors qu'arrive la brigade Valazé, appelée du Kaninchenberg; elle occupe le talus du chemin de fer, la verrerie Sophie, et deux bataillons se placent en réserve au sud de Stiring.

D'autre part, le général Bataille arrive avec la brigade Haca (23e, 8e). Le 23e s'engage au nord et à l'ouest de Stiring. Le 8e reste en réserve au sud du village. Le combat devenant très vif, le général Bataille appelle encore à lui un des régiments de la brigade Fauvart-Bastoul, le 67e, qui traverse la forêt de Spicheren et débouche sur la grand'route à 5 h. 30. A ce moment, craignant d'avoir trop dégarni Laveaucoupet, Bataille renvoie sur la hauteur, à la place du 67e, deux bataillons du 8e qui sont en réserve au sud de Stiring.

Devant ces renforts qui s'accumulent autour de Stiring, une défaillance se produit chez les Prussiens. Le général Woyna ramène en arrière son bataillon, au moment même où le 3e bataillon du 53e arrivait à la lisière et attaquait la verrerie Sophie. Le major Werner ramène également vers Drahtzug les éléments du 74e. La droite ennemie se trouve ainsi désemparée; il ne reste là que quelques compagnies dans les maisons au nord de la voie et au bois de Stiring, engagées dans un combat de feux avec les Français déployés en arc de cercle de 239 jusqu'à l'usine.

Les attaques ennemies ont échoué, mais elles ont eu l'effet moral désiré. On ne peut supposer qu'elles ne sont qu'une façade, et le commandement français, hypnotisé par les bois, a accumulé autour de Stiring la moitié de l'infanterie du corps d'armée, la division de cavalerie, la moitié de l'artillerie, tout cela dans la plus grande confusion.

Retour offensif général dans la région de Stiring.

Ces quelques compagnies prussiennes établies au pont voûté et dans les maisons au nord du chemin de fer paralysent quelque temps les défenseurs de l'usine; mais, à 5 h. 30, l'arrivée du 67ᵉ change la situation. Le général Bataille le lance, avec un bataillon du 8ᵉ, sur le petit bois. Le bois est enlevé, les compagnies prussiennes qui l'occupent sont rejetées soit sur Drahtzug, soit dans la forêt communale.

L'exemple est contagieux; les bataillons entassés dans Stiring se réveillent, attaquent les compagnies prussiennes établies au nord du chemin de fer et les rejettent dans les bois.

Nous réoccupons donc le petit bois, Vieux-Stiring, les vieilles houillères; mais, là encore, la contre-attaque s'arrête, personne ne songe à poursuivre, puisque *la position est réoccupée*. C'était pourtant l'occasion suprême qu'on laissait échapper.

Ce mouvement nous permet de ramener les pièces abandonnées à 239.

La droite prussienne se trouve, entre 6 h. 30 et 7 heures, dans une extrême confusion : les groupes épars cherchent à se rallier vers Drahtzug.

Nous allons voir maintenant dans quelle mesure ces événements vont influencer l'attaque préparée par le général Alvensleben (croquis n° 3 C).

Exécution de l'attaque Alvensleben.

La première ligne (3ᵉ bataillon de chasseurs, III/12, II/8), aux ordres du colonel de l'Estocq, part, entraînée par le général Dœring, sans attendre la seconde ligne.

Ces trois bataillons, d'abord défilés dans leur marche, tombent bientôt sous les feux partant de la corne nord de la forêt de Spicheren. Cette corne est tenue par quatre compagnies du 24ᵉ français. La naissance du ravin, à l'ouest de 337, est tenue par un bataillon du 66ᵉ. Des fractions de divers régiments (2ᵉ, 66ᵉ, 24ᵉ, 63ᵉ) tiennent 337 et ses abords. Comme artillerie, les Français ont une batterie au Forbacherberg, trois batteries au Pfaffenberg.

Les trois bataillons de l'Estocq, sous le feu, s'engouffrent dans le petit ravin montant vers le Gifertwald. L'attaque stoppe. Voyant qu'il faut avant tout s'emparer de la corne de la forêt, le colonel de l'Estocq ramène en arrière ses bataillons pour aborder ce bois par le saillant. Ce mouvement en arrière cause de fortes pertes en repassant dans la zone dangereuse.

La deuxième attaque, appuyée par l'artillerie, réussit : les Prussiens pénètrent dans la forêt, mais ils en sont chassés par une contre-attaque des deux bataillons du 8ᵉ revenant de Stiring, et qui débouchent à ce moment sur le plateau. La contre-attaque s'arrêtant, selon l'habitude, les Prussiens reviennent à la charge, reprennent pied dans la forêt; mais les unités sont mélangées et la capacité offensive épuisée. A ce moment (7 h. 45) se produit un retour offensif général de la division Laveaucoupet, et les bataillons du colonel de l'Estocq, non soutenus par la deuxième ligne, sont encore une fois rejetés du bois.

Du côté prussien, nous savons que, entraînée par le général Dœring, la première ligne est partie sans attendre la deuxième ligne.

Le 52ᵉ, une fois formé, est parti à son tour, avec le général de Schwerin. Il traverse l'artillerie, arrive sur la crête de la Brême-d'Or; mais, au moment de converser à gauche pour marcher sur l'objectif, qui est le Forbacherberg, le général de Schwerin abandonne sa mission. La droite prussienne a reculé, le petit bois de Stiring est perdu. Influencé par ces événements, Schwerin engage son régiment dans le couloir de Stiring. Les éléments de droite rallient les groupes prussiens qui se reforment vers Drahtzug, pénètrent dans le petit bois abandonné par les Français et s'établissent à la lisière sud. Le régiment s'avance jusqu'à 239. Quelques compagnies, qui, seules, ont conversé à gauche, pénètrent dans le ravin de la Brême-d'Or, traversent la forêt de Spicheren et atteignent la lisière à la nuit. Là aussi les Français ont disparu.

Sur le plateau de Spicheren, depuis 6 heures, tous les efforts des Prussiens ont échoué; l'attaque est à bout de souffle et dans le plus grand désordre.

Grand désordre aussi chez les Français, où les unités sont mélangées; mais la position qu'on occupe est solide et maîtrise l'ennemi; le moral se remonte.

RETOUR OFFENSIF GÉNÉRAL DANS LA RÉGION DE SPICHEREN.

Tout à coup, vers 7 h. 30, sans qu'aucun ordre ait été donné, un clairon isolé se met à sonner la charge. Tout le monde se précipite en avant, les Prussiens sont encore une fois chassés de Gifertwald, fuient dans la plaine; quelques-uns iront jusqu'à Sarrebrück. Seul le Rotherberg tient solidement.

LA RETRAITE FRANÇAISE.

A ce moment, on entend, venant de Stiring, les sonneries « En retraite » qui se propagent de proche en proche. Le combat cesse sur le plateau vers 8 heures.

La brigade Doens se rallie et va occuper le Pfaffenberg, puis toute la division Laveaucoupet s'y rassemble. Les éléments de la division Bataille rejoignent
leur bivouac à Œting.

A Stiring, le 67ᵉ a abandonné le petit bois à 7 heures. Le général Valazé défend le village jusqu'à 9 heures, mais des groupes d'isolés résistent dans quelques
maisons jusque vers 11 heures.

Que s'est-il donc passé pour qu'au moment où l'ennemi est complètement maîtrisé, où toutes ses attaques ont échoué, où une partie de ses forces lâchent
pied, nous abandonnions cette position pour la con-
servation de laquelle tant d'héroïsme vient d'être dépensé?

LE GÉNÉRAL FROSSARD.

Il s'est passé que le général Frossard, qui est resté
jusqu'à 5 heures à Forbach, loin de ses troupes, s'est
décidé à se rendre à Stiring, sur le champ de bataille.
Il voit le désordre qui y règne, il apprend que sa droite
a dû reculer. Il est « surpris » et croit tout perdu, alors
que rien n'est compromis.

A 5 h. 15, il télégraphiait : « La lutte s'apaise, j'espère rester maître du champ de bataille. »

A 5 h. 31, il envoie ce télégramme alarmant : « Ma
droite, sur les hauteurs, a été obligée de se replier. Je
me trouve compromis gravement. Envoyez-moi des
renforts très vite et par tous les moyens. »

Son moral est atteint : il ne se rend pas compte que,
si sa droite a dû se replier, elle est maintenant bien ac-
crochée au terrain et défie toutes les attaques, et, c'est
précisément au moment où ses troupes obtiennent un
double succès qu'il donne l'ordre de retraite, le seul
ordre qu'il ait donné dans la journée.

Le 67e, qui vient de se rendre maître du petit bois, reçoit l'ordre de reculer sur Stiring. Il est 7 heures. A 7 h. 20, la compagnie d'avant-garde de la 13e division ouvre le feu sur le Kaninchenberg.

Frossard envoie à ce moment l'ordre général de se replier sur les hauteurs de Spicheren et rend compte à 7 h. 35 : « Je suis tourné par Wehrden, je porte tout mon monde sur les hauteurs. »

MARCHE DE LA 13e DIVISION.

La 13e division s'était installée, vers midi, dans les cantonnements de Puttlingen - Wolklingen, détachement à Wehrden. Entendant le canon, le général de Goltz, commandant l'avant-garde, veut pousser en avant, mais ce n'est qu'à 2 heures que le général de Glümer, commandant la division, se décide à céder aux instances de son subordonné.

L'avant-garde part donc, arrive à 4 heures à Grande-Rosselle; mais, n'entendant plus le canon, on s'arrête, et ce n'est qu'à 6 heures qu'on reprend la marche, sur un ordre du général de Zastrow.

Nous voyons donc que le général de Glümer n'a pas montré, ce jour-là, le même allant que les autres chefs prussiens.

Ce n'est qu'à 7 h. 20 que l'avant-garde se heurte, au Kaninchenberg, à la compagnie du génie laissée là par la brigade Valazé.

Cette compagnie a été renforcée par deux escadrons du 12e dragons (lieutenant-colonel Dulac) et par 200 réservistes qui viennent de débarquer à Forbach. Pendant plus d'une heure, Dulac contient l'ennemi; mais, au moment où il va être débordé, il évacue sa tranchée en masquant sa retraite par une attaque de ses dragons qui chargent dans l'obscurité. Il rallie son monde à la voie ferrée, tandis que les Prussiens prennent d'assaut les tranchées abandonnées et s'arrêtent..

RETRAITE DU 2ᵉ CORPS.

Partout, à la nuit, les Prussiens sont arrêtés et cherchent à mettre de l'ordre dans leurs unités. Ils ne songent aucunement à poursuivre et n'ont pas du tout le sentiment qu'ils sont vainqueurs.

La retraite du 2ᵉ corps s'effectue donc sans être inquiétée. Les divisions Vergé et Bataille se reforment autour d'OEting; la division Laveaucoupet autour de Spicheren. On n'était pas du tout tourné par Wehrden, et l'on pouvait attendre le jour et se relier aux divisions du 3ᵉ corps qui ne sont pas loin (croquis n° 4)..

Mais, si le Prussien ne sait pas s'il est vainqueur, Frossard estime qu'il est battu. Son moral est atteint, et sa démoralisation ne fait que croître. A 10 heures, il décide la retraite sur Sarreguemines. Là, il apprend le désastre de Frœschwiller et ordonne la retraite sur Puttelange, où ses troupes arriveront le 7, entre 1ᵉ heures et 4 heures du soir. Convaincu qu'il est battu, il ne cherche qu'à s'en aller le plus loin possible de l'ennemi.

Or, étions-nous battus le 6 au soir? Certainement non. Nous avons vu, en fin de journée, le désordre des Prussiens, l'épuisement de leur force offensive, l'échec de toutes leurs attaques.

Examinons les pertes : elles sont plus élevées chez les Prussiens (1). Seul était battu le moral du chef.

Les attaques prussiennes ont échoué matériellement;

---

(1) Du côté français : 249 officiers, dont 37 tués; 3.829 hommes, dont 282 tués.

Du côté prussien : 223 officiers, dont 49 tués; 4.648 hommes, dont 794 tués.

mais elles ont moralement réussi. Le sentiment de la défaite est entré au cœur du commandant du 2ᵉ corps, et le général Alvensleben « ramasse la victoire que le général Frossard a laissée tomber ».

Jetons maintenant un coup d'œil d'ensemble sur cette bataille. Que voyons-nous?

Chez les Français, la hantise de la position : position conservée, bataille gagnée; position perdue, bataille perdue.

Les forces dépensées en contre-attaques pour reprendre la position perdue, sans voir plus loin que la reprise de cette position.

Le choix d'une position qui paraît formidable, mais qui ne permet pas l'utilisation de l'artillerie. Presque toute notre artillerie restera inutilisée pendant toute la bataille. Les quelques batteries engagées isolément seront rapidement réduites au silence par les batteries prussiennes engagées toutes ensemble.

Nous attendons l'ennemi sur la position, sans penser à nous renseigner, à nous éclairer. Du côté des bois, bien dangereux pourtant, nous ne nous éclairons pas, alors que nous avons une division de cavalerie qui restera pied à terre, bride au bras, et une brigade de dragons venue en renfort. La reconnaissance d'infanterie envoyée sur Petite-Rosselle ne pouvait rien voir et n'a rien vu.

Enfin, les chefs laissés sans ordres : pas de volonté supérieure dans la bataille, pas de coordination, pas d'effort d'ensemble.

Chez les Prussiens, à tous les échelons, l'idée offensive : vaincre c'est attaquer, c'est chasser l'ennemi.

Emploi par masse de l'artillerie.

Recherche et utilisation du renseignement.

Mais surtout, Spicheren est l'apothéose de l'initiative.

Chez les généraux prussiens, sauf Zastrow, un vieillard, et sauf Glümer, nous voyons déborder l'initiative.

Elle déborde chez Gœben, commandant le VIIIᵉ corps, où elle est fébrile; chez Stupnagel, commandant la 5ᵉ division; chez Dœring, commandant la 9ᵉ brigade; chez Alvensleben, surtout, commandant le IIIᵉ corps d'armée. Tous se renseignent, voient, agissent.

Chez les chefs français, au contraire, nous ne voyons qu'inertie et passivité.

Nous avons vu l'inertie du général Frossard.

Que dire de celle de Bazaine, laissant Frossard s'engager à fond sans le secourir, ou plutôt sans prendre des mesures efficaces pour le secourir et pensant à Cadenbronn, alors qu'il faut penser à la bataille? Il a été criminel, ou monstrueusement incapable.

Cette inertie, nous la retrouvons aussi chez les divisionnaires du 3ᵉ corps.

Montaudon était à Sarreguemines. Il reçoit, à 3 h. 30, l'ordre d'aller à Grossbliederstroff, à la disposition du général Frossard. Il ne part qu'à 5 heures, se rassemble en cours de route à Lixing, repart et s'arrête à Bousbach, sans avertir Frossard de son arrivée. Il en repart à 1 h. 30, en retraite sur Puttelange.

Castagny est à Puttelange. Vers midi, il part pour Théding; mais, ayant rencontré en route une belle position, il s'y installe, puis rentre à Puttelange à 5 h. 30. Entendant alors le canon, il repart et arrive à Théding à 7 heures. Ne trouvant pas le général Frossard, il rentre à Puttelange.

Metman est à Marienthal. Il reçoit à midi l'ordre de venir à Béning. On y est à 3 heures; on entend le canon et l'on ne bouge pas. A 7 h. 30, il reçoit l'ordre de Bazaine d'aller à Forbach. On y arrive à 10 heures, en plein désordre de la retraite. La division se conforme au mouvement général par Behren, et l'on revient à Puttelange le 7 au matin.

Mais pourquoi l'initiative des Allemands a-t-elle été si heureuse? C'est parce que, le 6 au matin, les chefs s'éclairent et se renseignent.

Pourquoi les divisions du 3e corps laissent-elles écraser Frossard? Parce que les chefs ne font rien pour se renseigner.

Il faut avouer que les Prussiens sont favorisés. Ils savent de quoi il s'agit : ils ont lu, dans les ordres : « Offensive générale projetée. » C'est le mot d'ordre qui exprime le sentiment général : faire la guerre veut dire attaquer. Et cela éclaire tout.

Quelles difficultés, au contraire, entraîne l'attitude défensive! Le but est de garder à la fois toutes les directions dangereuses : Bitche, Rohrbach, Sarreguemines, Sarrebrück, Wehrden, Sarrelouis. Chaque chef se croit indispensable au point où il est : Montaudon à Sarreguemines, Metman à Béning, Bazaine à Saint-Avold. Dégarnir son poste pour aller coopérer à la bataille paraît une faute, et l'on a toutes raisons pour s'abstenir.

La défensive est d'ailleurs la manifestation d'un moral inférieur. Une armée qui l'accepte témoigne une confiance moindre dans sa force. Elle peut se faire illusion à elle-même, mais l'ennemi ne s'y trompe pas.

Une troupe qui attaque affirme sa volonté de vaincre, sa foi dans la victoire, la supériorité de son moral.

A chaque pas, dans cette bataille du 6 août, nous avons vu s'affirmer l'écrasante supériorité de l'offensive, et la toute-puissance des forces morales, dont l'offensive n'est que l'expression.

LIGNES DE TRANSPORT
DE L'ARMÉE ALLEMANDE
A III et X° Corps
B 1 D°° XII° Corps
C IV° Corps et Garde
D ½ du XI° Corps et I D°° XII°
E ½ du XI° Corps et V° Corps
F VII° Corps
1 Partie du 1er Bav. & D°° Wurtemb.
2 Partie du 1er Bav.
3 II° Bav.
COLOGNE
AIX-LA-CHAPELLE
Call
KOBLENZ
FRANCFORT
Wiesbaden
Mosbach Castel
MAYENCE
Wittich
Alzey
Trèves Birkenfeld
Luxembourg
VII
VIII
Ire ARMÉE IIe ARMÉE
VII Tholey
X XII
Worms
Mannheim
Heidelberg
Merzig S¹ Wendel Kirchenbolanden IX IV
Kaiserslautern
Meckesheim
Rehlingen Lebach III G IX Neustadt
Thionville Neunkirchen
Boulonville Saarlouis Hombourg Spire
Toterchen Sarrebruck IV
METZ Forbach Deux-Ponts GERMERSHEIM
S¹ Avold Bruchsal
Courcelles G Landau Carlsruhe
Châlons Faulquemont Sarreguemines Bitche VI
Wissembourg Bad.
Fenetrange Worth IIIe ARMÉE
Pont-à-Mousson Haguenau Rastatt
NANCY
TOUL Lunéville STRASBOURG
D.7.
BELFORT MULHOUSE
D.7.
Concentration (31 juillet)
Situation le 5 août (soir)

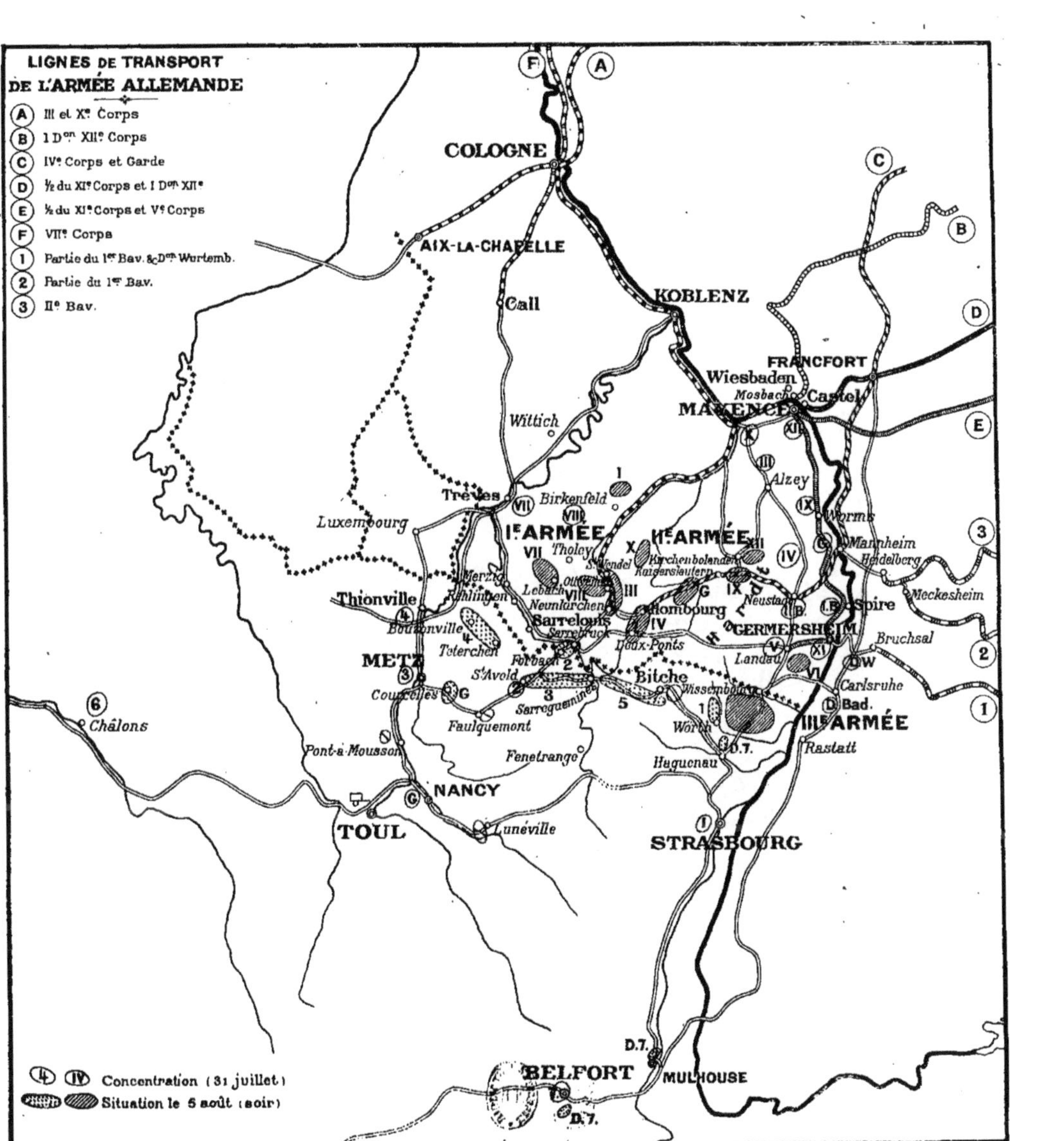

CROQUIS N° 1.

Situation le 5 août au soir
Ière Dᵒⁿ Cavⁱᵉ
Birkenfeld
Iᵉʳᵉ Dᵒⁿ
Xᵉ Corps
Cusel
XIIᵉ Corps
Iᵉⁿᵉ ARMÉE
Qᵉʳ Gᵃˡ
Nunkirchen
Tholey 3ᵉ Dᵒⁿ Cavⁱᵉ
Stᵉ Wendel
IXᵉ Corps
VIIᵉ Corps
IIᵉᵐᵉ ARMÉE
13ᵉ Dᵒⁿ
15ᵉ Dᵒⁿ
6ᵉ Dᵒⁿ
Kaiserslautern
Lebach
14ᵉ Dᵒⁿ
VIIIᵉ Corps
IIIᵉ Corps
2ᵉ Dᵒⁿ
16ᵉ Dᵒⁿ
Ottweiler
Dᵒⁿ Cavⁱᵉ Gᵈᵉ
B. Redern
5ᵉ D.C.
Garde
Sarrelouis
Holz
5ᵉ Dᵒⁿ
Bouzonville
Dᵒⁿ de Cissey
Dislburg
Neunkirchen
Guichenbach
Hombourg
Dᵒⁿ Lorencez
Püttlingen
B. Barby
7ᵉ Dᵒⁿ
5ᵉ D.C.
Fischbach
Dᵒⁿ Grenier
Völklingen
6ᵉ Dᵒⁿ Cavⁱᵉ
IVᵉ Corps
Peterchen
Wehrden
Dudweiler
Stᵉ Ingbert
8ᵉ Dᵒⁿ
Boulay
Coume
SARREBRUCK
Stᵉ Jean
Bliescastel
Deux-Ponts
Ham
Dᵒⁿ Vergé
Epinharen
Forbach
Dᵒⁿ Laveaucoupet
Courcelles
D. Bataille
B. Bredow 5ᵉ D.C.
Garde
Dᵒⁿ Decaen
2ᵉ Corps
Neu-Hornbach
Stᵉ Avold
Dᵒⁿ Montaudon
D. Clérambault
Dᵒⁿ Metman
Sarreguemines
Faulquemont
Marienthal
Dᵒⁿ Castagny
Bᵈᵉ Lapasset
Dᵒⁿ Goze
Bitche
3ᵉ Corps
Puttelange
Bᵈᵉ Maussion Rohrbach
Dᵒⁿ Guyot-
Dᵒⁿ Cavⁱᵉ Forton
5ᵉ Corps
de Lespart

Iᵉʳᵉ ARMÉE
Gᵃˡ de Steinmetz
VIIᵉ Corps
Gᵃˡ de Zastrow
13ᵉ Division   Gᵃˡ de Glumer
14ᵉ Division   Gᵃˡ de Kameke
27ᵉ Brigade   Gᵃˡ de François 39.74
28ᵉ Brigade   Gᵃˡ de Woyna 53.77
15ᵉ Hussards
4 Batteries (2 leg 2 lourdes)
VIIIᵉ Corps
Gᵃˡ de Gœben
15ᵉ Division   Gᵃˡ de Weltzien
16ᵉ Division   Gᵃˡ de Barnekow
31ᵉ Brigade   29.69
32ᵉ Brigade   40 - 72
IIᵉᵐᵉ ARMÉE
Prince Frederic Charles de Prusse
IIIᵉ Corps
Gᵃˡ d'Alvensleben II
5ᵉ Division   Gᵃˡ de Stulpnagel
9ᵉ Brigade   Gᵃˡ de Doering 8 48
10ᵉ Brigade   Gᵃˡ de Schwerin 12.52
3ᵉ Bataillon de Chasseurs
12ᵉ Dragons
4 Batteries

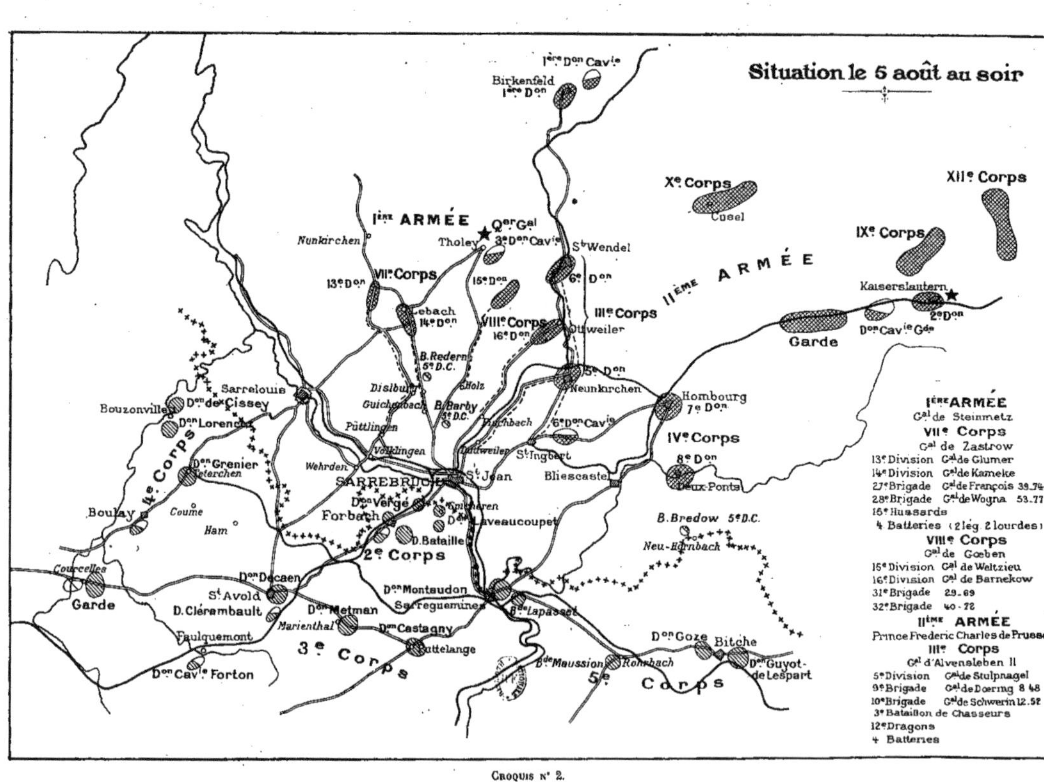

Croquis N° 2.

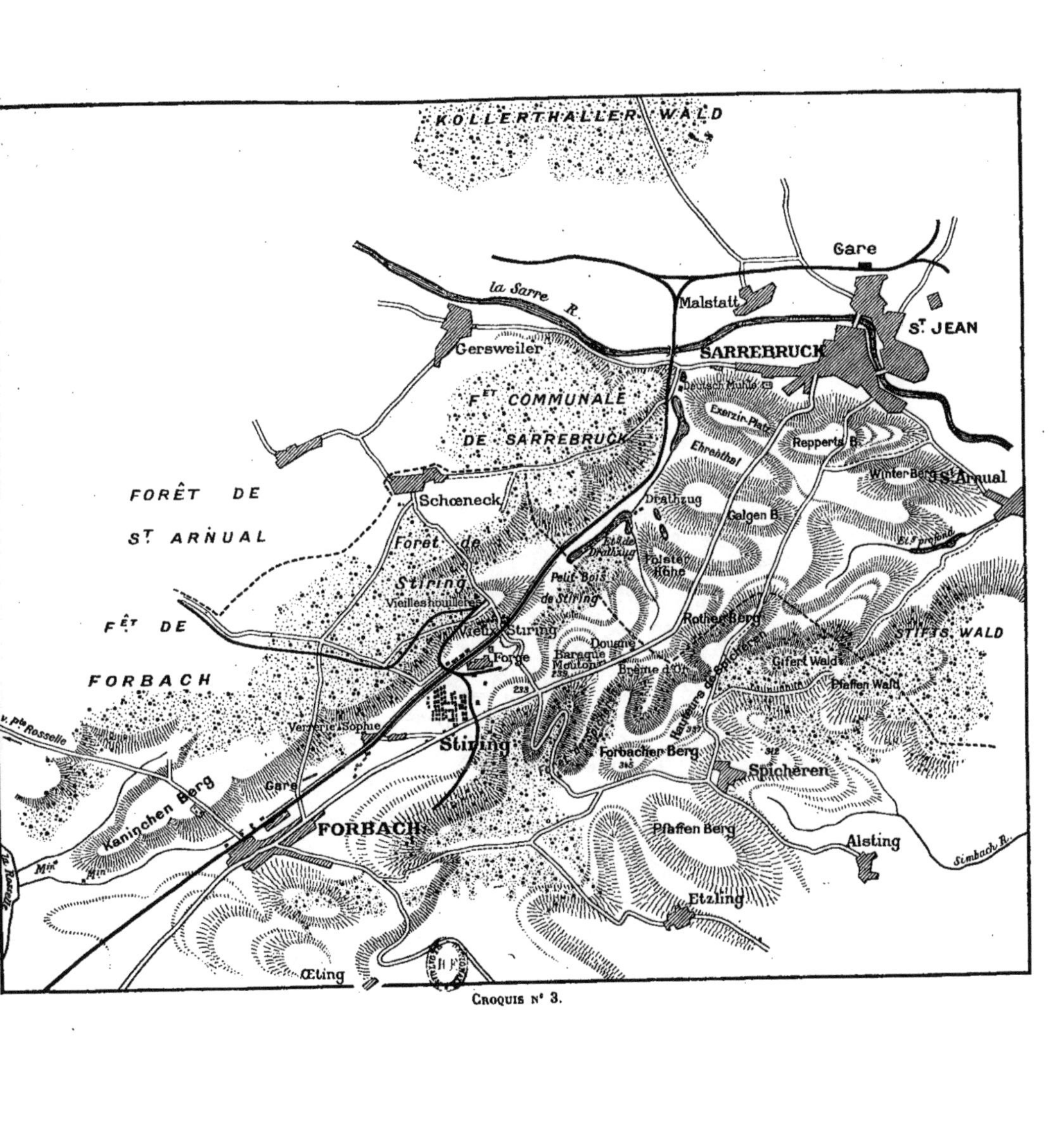

KOLLERTHALLER WALD
Gare
la Sarre R.
Malstatt
St JEAN
Gersweiler
SARREBRUCK
Fet COMMUNALE
Deutsch Mühle
DE SARREBRUCK
Exerzin Pltz
Repperts B.
FORÊT DE
Winter Berg St Arnual
St ARNUAL
Schœneck
Drathzug
Galgen B.
Forêt de
Et projeté
Stiring
Fbd de
Drathzug
Folster
Höhe
Petit Bois
de stiring
Fet DE
Vieilles houllères
Rother Berg
Vieux Stiring
STIFIS WALD
FORBACH
Douane
Gifert Wald
Forge
Baraque
Mouton
Brême d'Or
Pfaffen Wald
v. pte Rosselle
Verrerie Sophie
Forbacher Berg
Stiring
Spicheren
Kaninchen Berg
Gare
Pfaffen Berg
Alsting
Min
Min
Simbach R.
FORBACH
Etzling
Œting
CROQUIS N° 3.

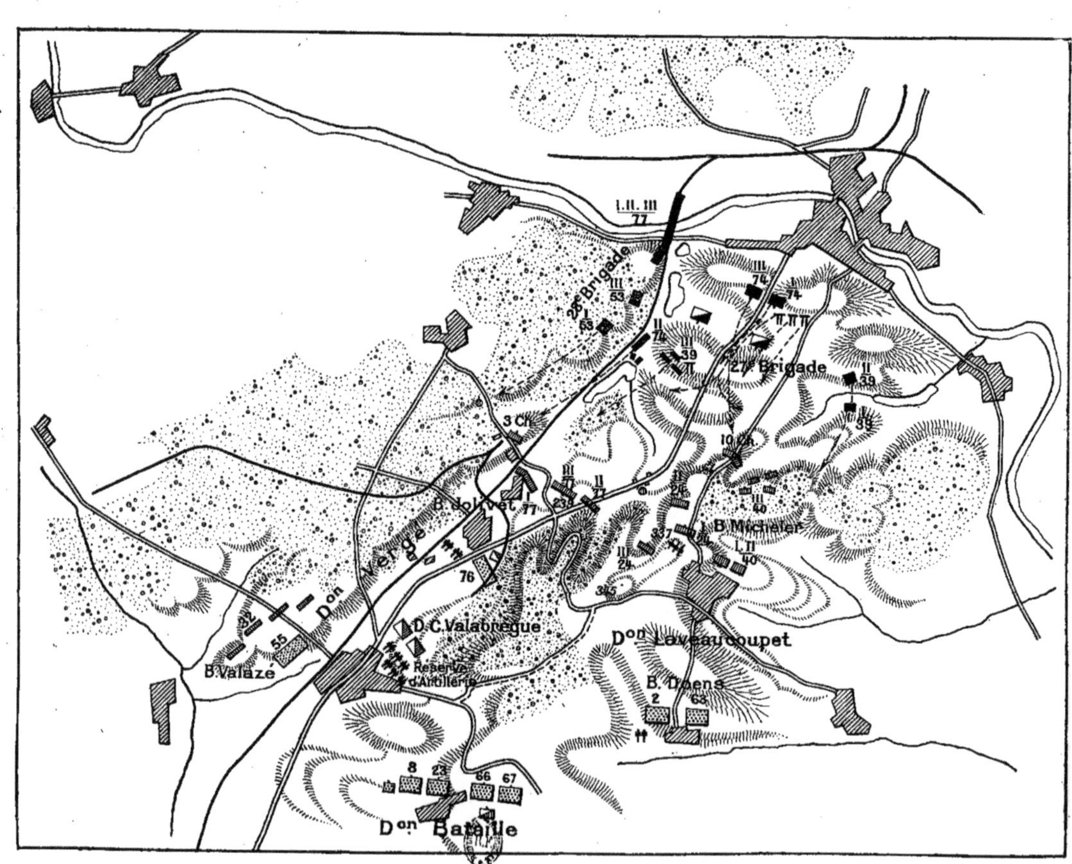

Croquis nº 3 a. — Engagement de la 14ᵉ division. Situation vers midi 30.

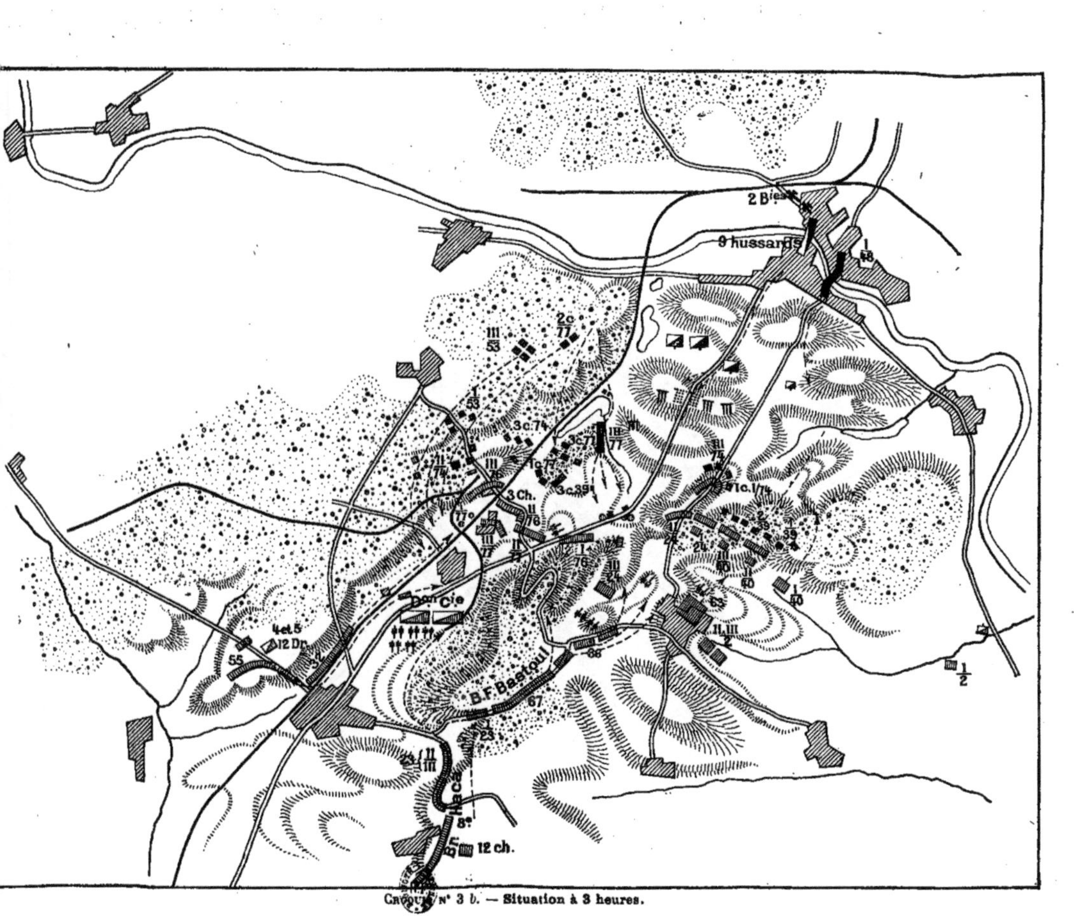

Croquis N° 3 *b*. — Situation à 3 heures.

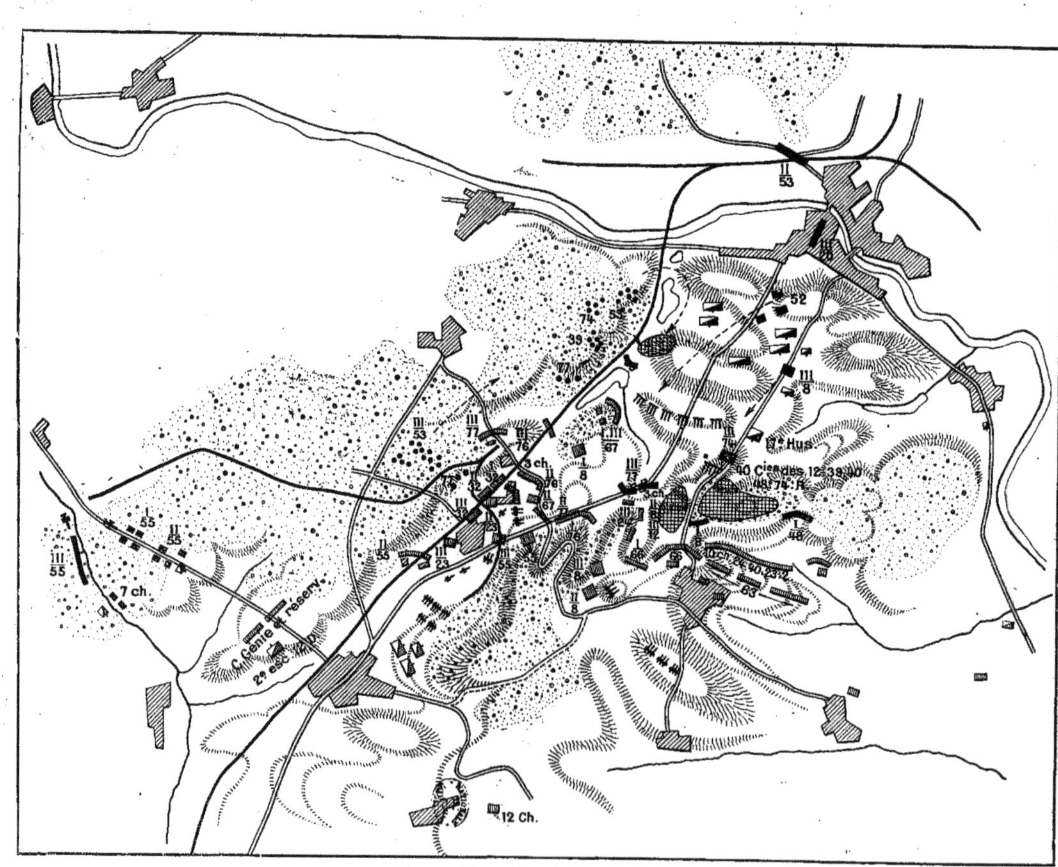

Croquis N° 3 c. — Situation vers 6 h. 45.

LES ABORDS
DU
CHAMP DE BATAILLE
Situation le 6,
entre 9h et 10h du soir.
Wolcklingen
Werden
St Jean
SARREBRUCK
Schœneck
St Arnual
Gde Rosselle
Spicheren
Emersweiler
FORBACH
Alsting
D. Laveaucoupet
Metman
Oeting
Béhren
Morsbach
Grosbliederstroff
Rosbruck
D. Bataille
D. Verge
Liding
Falckling
Boüsbach
Marlebach
Don Castagny
D. Montaudon
Rouhling
Cadenbronn
Bde Juniac
Béning
Theding
SARREGUEMINES
Ht Hombourg
Betting
Welferding
Bde Lapasset
Fareberswiler
Diebling
Don Montaudon
Bde Arnaudeau
Macheren
Don
Farschwiller
Decaen
St AVOLD
Wonstwiller
D. Clérambault
Bde de Pottier
Marienthal
Don Castagny
Don Metman
Barst
PUTTELANGE

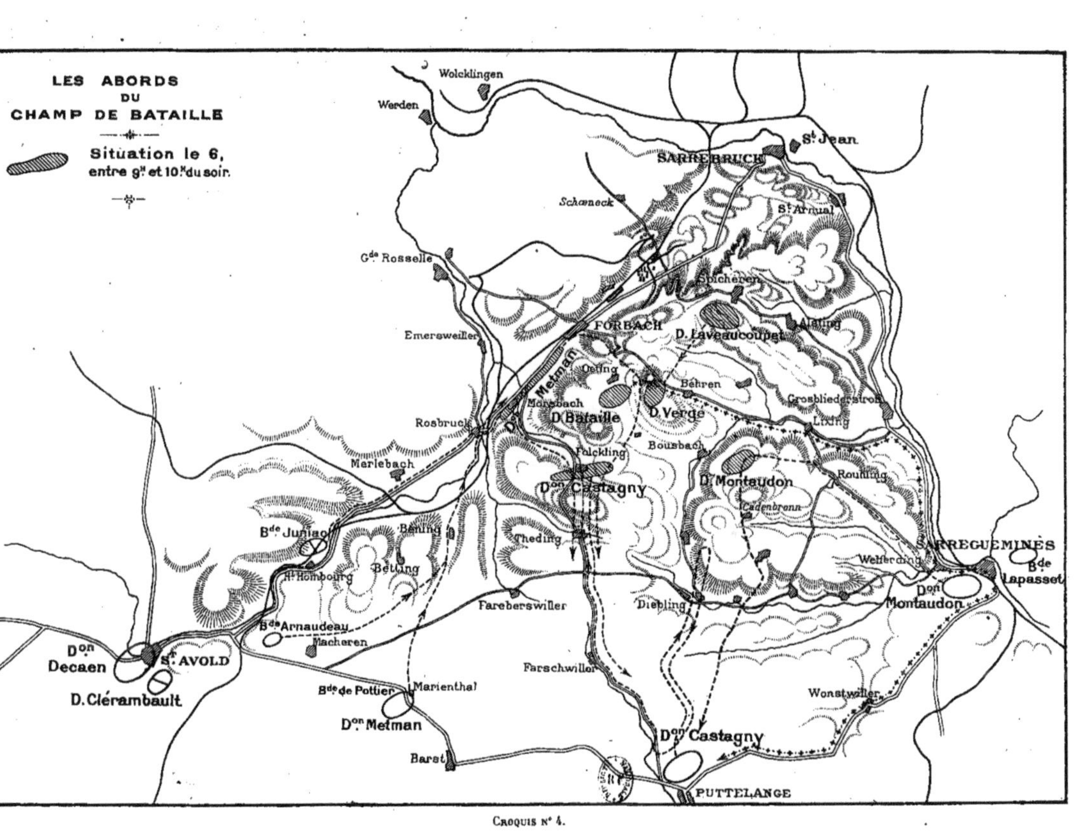

CROQUIS N° 4.

PARIS, 124, BOULEV. St-GERMAIN, ET LIMOGES. — IMP. MILITAIRE CHARLES-LAVAUZELLE ET Cie.

Imprimerie Militaire

CHARLES-LAVAUZELLE & Cie

PARIS ET LIMOGES